ちくま新書

憲法と平和を問いなおす

長谷部恭男
Hasebe Yasuo

465

憲法と平和を問いなおす【目次】

まえがき

日本国憲法について改正の要否が議論されるとき、その焦点となるのは憲法第九条である。

改正が必要だという人々は、条文と実態とが乖離していることを理由として挙げることが多い。九条は軍備の保持を禁止しているはずなのに、実際には自衛のための実力組織である自衛隊が存在している。もちろん、条文に合わせて実態を変えるという選択もありうるが、実態を変えるのは非現実的であるから、条文の方を変えようというわけである。

他方で、改正に反対する人のなかには、九条は人類普遍の理想を指し示しているのであるから、これを変えるべきではないという人がいる。もっとも、単に理想を示しているだけで、実態と何ら関係がない条文なのであれば、あってもなくてもよいはずであるから、単なる理想だというわけではないはずである。

さらに、改正に反対する人のなかには、九条はいますぐにも実現すべき人の生きる道を示しているのだという人もいる。自衛のための実力組織を保持することは、人の道に反する悪行であって許されない。自衛隊を海外に派遣すべきでない理由も、実力組織は悪だからである。

*

筆者の見るところ、九条をはじめとする憲法改正論議には欠けている視点がある。立憲主義（詳しくは序章で述べる）という視点である。そもそも何のために憲法典（たとえば日本国憲法のように、文書としてまとめられた憲法のことを「憲法典」という）を作って国家権力を制御しようとするのか、それを説明する視点である。

いや、全くないわけでもない。ただ、そこにあるのは、立憲主義とは与えられた憲法典にただ従うことを意味するのだという単純な理解のように見える。憲法九条の文字面に従うのが立憲主義であり、自衛隊の存在は憲法典に反する。だから、憲法を改正しよう（いや自衛隊を廃止しよう）という、ある意味ではとてもわかりやすい議論になる。

ただ、こうした議論は立憲主義の生半可な理解に立脚しているように思われる。そもそも、なぜ立憲主義という考え方が生まれたのか。それを探っていくと、戦争と平和の問題に行き着く。さまざまな考え方を持つ人が平和に共存して社会生活を営む基本的枠組みとして何が必要なのか、その問題へと行き着く。立憲主義という考え方をつきつめたとき、そこからは、憲法九条の理解について、日本の平和をいかに守るべきかについて、一定の方向性が導かれる。

本書で以下、展開される議論は、憲法九条に関する学界の通説的な理解——自衛のための最低限の実力の保持さえ憲法違反であるという理解——とは異なっている。筆者の見るところ、憲法九条に関する通説的な理解は、立憲主義と簡単には両立しない。そのことを説明するためには、まず立憲主義とは何かを考える必要がある。

以下で述べる議論は、残念ながらあまり単純ではない。憲法と平和の関係は単純であるはずだという人は、なぜこんな複雑な議論をしなければならないのかとの疑問を抱くであろう。なぜかといえば、問題自体が単純ではないからである。以下では、なるべくわかりやすい説明を心がけたつもりではあるが、問題を単純化してはいない。単純でない問題を単純であるかのように説明するのは、詐欺の一種である。戦争と平和という、正邪の観念や情緒論が入り込みやすい問題を冷静に考えるには、少々の複雑さを我慢していただく必要がある。

序章　憲法の基底にあるもの

†立憲主義とは何だろうか

日本国憲法をはじめ、近代ヨーロッパにその起源を持つ諸国の「憲法」の背景にある思想を立憲主義と呼ぶ。ではその立憲主義とは何だろうか。

アルコール中毒 alcoholism がアルコール alcohol と関係があるように、また、マルクス主義 Marxism がマルクス Marx と関係があるように、立憲主義 constitutionalism が憲法 constitution と関係のあることは確かである。じつは、立憲主義が何かという問題について、詳しく解説する憲法の教科書類は多くない。憲法研究者の間でも、立憲主義が何を意味するかについて、広く意見の一致があるとはいいがたい。むしろ、多くの憲法研究者は、この問題にさほど関心を持っていないようにさえ思われる。

憲法典を尊重すること、憲法典に服従することが立憲主義だという簡単な答え方もありそうである。そうした議論もよく見かける。しかし、世界の国々のなかには、その内容が立憲主義的とはいいがたい憲法典も少なくない。

ナイロビ大学のオコス－オジェンド教授は「立憲主義なき憲法」という論文のなかで、アフリカの政府の大部分は憲法典をレトリックとしてしか扱っておらず、憲法はその本来の役割である権力の規制を果たしえていないことを指摘している。他方で、憲法典といいうる法典を持っていないにもかかわらず、立憲主義国家であると多くの人々からみなされている国家——たとえばイギリス——もある。憲法典への服従と立憲主義とを同一視するわけにはいかない。

コロンビア大学のルイス・ヘンキン教授は、立憲主義について、一致して受け入れられた意味がないことを認めたうえで、立憲主義の要請だと彼が考える内容を整理している。彼の挙げる立憲主義の要請は、二つに大別することができる。第一は、人民主権とそれにもとづく代表民主制であり、第二は、権力の分立および抑制・均衡、個人の人権の尊重を通じた国家権力の制限である。こうした要素を立憲主義の内容として掲げる憲法の教科書は、わが国にも多く見ることができる。

これら二つの要素は、相互に対立・衝突する可能性があることに留意する必要がある。

早い話が、主権者である人民の多数派が、特定の人種や階級に属する人々の権利を剝奪することは、民主主義の観点からすれば筋の通ったことであろうが、人権の尊重にもとづく国家権力の制限という理念からすれば、不当なことである。こうした二つの要素の対立の可能性、そしてそれをいかに解決すべきかについては、とくに違憲審査制（人民を代表する議会の定めた法律など、他の国家機関の行為が憲法に適合しているか否かを裁判所が審査する制度）の正当な活動範囲を中心として、日本も含めた各国で研究が進んでいる。

ここでは、議論を先に進めるためのとりあえずの便宜として、ヘンキン教授のいう第二の国家権力の制限の側面を立憲主義と呼び、それを第一の民主主義の要素と区別することにしよう。民主主義にもとづいて行使される国家権力でさえ制限されるという点に、立憲主義の強みとその謎があるからである。

フランス人権宣言がその第一六条で、「権利の保障が確保されず、権力の分立が定められていない社会は、憲法を有しない」とするとき、そこでは、「立憲主義にもとづく憲法」のことが意味されているといわれるが、その際にも、国家権力の制限という側面を指して、立憲主義ということばが用いられている。

憲法典で国家権力を限定する場合には、民主主義と立憲主義の間に何の謎も衝突もないという人もいるかもしれない。憲法典自体も、主権者たる人民（あるいはその代表者）が制定したものであって、したがって、憲法典による国家権力の制限は民主主義とは矛盾せず、むしろ民主主義によって説明できるというわけである。

そうだろうか。民主主義とは現に生きている人々による政治を意味するはずである。何十年も前の、とっくに死んでしまった人たちが民主的に決めたことに、いま、生きているわれわれが縛られることがなぜ民主的だといえるだろうか。

通常の法律よりも厳格な手続でしか改正しえない硬性憲法の建前をとる以上、かつてとられた民主的決定に従うほかはないという議論も、民主主義を強調する観点からすればさほどの説得力はない。硬性憲法の建前自体も昔の人たちが決めたことにすぎず、民主主義を徹底する以上は、そうした建前に現在のわれわれが縛られるべき理由も明らかではない。トマス・ジェファーソンが、死者が生者をとらえるべき理由はないとして、各世代はそれぞれ自らの憲法を選ぶべきだと主張したことは、よく知られている。

むしろ、われわれは憲法典による権力の制限が民主主義と衝突しうることを直視したうえで、なぜそれが正当化されるかをあらためて問うべきである。なぜなら、立憲主義にかかわるこの謎が解けたとき、民主主義の力とその限界についても、われわれはよりよく理解することができるからである。

†立憲主義をなぜ問題にするのか

ところで、立憲主義とは何かという問い自体にどんな意味があるのかよくわからないという人もいるかもしれない。立憲主義も民主主義も、日本人にとっては舶来の思想であって、きらびやかには見えるが、そもそも日本人の本性にはそぐわない。舶来のスーツが日本人の体型に合わないのと同じである。そんな西欧起源の概念をいくら検討しても、日本の政治のあり方や「この国のかたち」についてたいした結論は出てこないのではないか、という懸念である。

本書の主張は、立憲主義も民主主義も、日本の政治や社会のあり方を考えるうえで大いに意味があるというものだが、どういう意味があるかを知るには、まず、そもそもなぜ立憲主義が必要なのか、また、その前に、そもそもなぜ民主主義なのかを検討する必要がある。こうした検討は、意外と憲法や政治学の入門書では紹介されていない。民主主義が必要なことや、人権を守る憲法が必要なことは当然の前提であって、そのうえで、これらを盛り立てていくための方策や心構えが説かれるというのがよくあるスタイルである。

本書では、第I部で、そもそもなぜ民主主義なのかを考え、第II部では、それではなぜ立憲主義が必要なのかを、ヨーロッパでの成り立ちの経緯に即して考えていくことにしたい。こうした「そもそも論」があって、はじめて、日本にそれが合っているか合っていないかがわかるはずである。こうした検討を受けて第Ⅲ部では、平和主義を検討する。憲法に関する通常の受け止め方とは異なり、本書の主張は、立憲主義は民主主義とだけではなく、つきつめていけば平和主義との間でも深刻な緊張関係にあるというものである。

第Ⅰ部
なぜ民主主義か？

レンブラント・ファン・レイン「織物商組合の評議員たち」(アムステルダム国立美術館所蔵)

第1章　なぜ多数決なのか？

†多数決をとる四つの理由

　多数のメンバーからなる人の集団が存在するとする。集団はしばしば解決すべき問題に直面する。その問題が、たとえば昼食に何を食べるかというように、各自がそれぞれ自分で決めればすむことであれば、集団としての決定は不要である。また、集団としての決定が必要だとしても、メンバーの意見が一致していれば、これまた問題はない。

　集団としての統一した決定が必要であり、しかも、メンバーの意見が対立している場合に、困難が生ずる。たとえば、特定の外国と安全保障条約を結ぶべきか、個人情報を保護するための特別の法律を制定すべきかといった問題について、賛成している人についてだけ条約を結んだことにするとか、法律が制定されたことにするというわけにはいかない。

意見の対立にもかかわらず、社会全体としての統一した結論が必要である。

　こうしたとき、多数決をとる、それも過半数で結論を決める単純多数決をとるというのが、通常の対応である。なぜだろうか。そんなことは当たり前であって、ことさら理由を問う必要もないという人もいるかもしれない。ハンナ・アーレントという政治思想家によると、「多数決原理はあらゆる会議体、集会においてほとんど自動的に採用される」ものであって、「決定のプロセスそのものに内在する」原理だとのことである。

　とはいえ、集団としての統一した結論を求められる問題に直面したとき、集団がなぜほとんど自動的に多数決をとるかには、理由があるはずである。そして、それがどのような理由であるかは、逆に、どのような場合には多数決で結論を出すべきでないか――つまり、民主的な決定（権力の行使）に対してどのような制限が立憲主義によってかけられるべきか――という問題を解く鍵にもなる。ここでは、なぜ多数決かという問題に対してしばしば提示される四つの答えを順次、説明していくことにする。

　あらかじめ一つ注意をお願いしたい。多数決の理論的分析というと、ただちに三つ以上の選択肢の間で生ずる投票のパラドックス（たとえば、A、B、Cという三つの選択肢について、甲、乙、丙の三人がそれぞれ、甲はA、B、Cの順で、乙はB、C、Aの順で、丙はC、A、Bの順で好ましいと考えているとすると、AとBで多数決をするとAが勝ち、BとCで多数決をするとBが勝ち、CとAで多数決をするとCが勝つことになって、全体として首尾一貫した決定ができない事態を指す）や、その拡張された形態である一般不可能性定理が頭に浮かぶかもしれない。

たしかに、投票者の選好のあり方や入手可能な情報の範囲に関して非現実的な仮定をいくつか置くと、投票のパラドックスは起こりがちである。しかし、これから検討するのは、そうした病理的状況の話ではなく、多数決がさしたる支障も論理的な不整合も起こさないで社会としての統一した結論を出すような正常な場合において、なぜその結論に従うべきなのかという問題である。

†自己決定の最大化

多数決をとるべき第一の理由は、多数決が可能なかぎり多くの人に自己決定を保障するというものである。いかに行動するべきかに関する出発点は、自分のことは自分で決めるという原則のはずである。したがって、集団としての統一した決定が必要となるときも、そのときの判断がなるべく多くの人の判断と一致するようにするべきだ（なぜなら、そのとき自己決定が可能な最大限の人に保障されることになるから）という議論である。

一見したところ、この考え方と一致するのは全員一致の原則のように思われるかもしれない。全員一致による集団の決定は、可能なかぎり多くの人（つまり全員）の自己決定と合致しているはずである。

しかし、これは見かけにすぎない。全員一致の原則によると、たった一人の反対で、それ以外のすべての人の自己決定がくつがえされる。同じように、三分の二を超える賛成を要する特別多数決の原則をとると、三分の一の人の反対で、三分の二の人々の自己決定がくつがえされることになる。つまり、可能なかぎり多くの人の自己決定を保障する決定原則は、単純多数決、つまり二分の一を超える賛成で集団の統一した結論を出す原則である。人々の意見が対立するような問題について、集団としての結論を出す手続を考える以上は、単純多数決の原則を採用すべきことになる。

この議論は、多数決の正当化の議論としては、かなり弱々しい消極的なものといえる。本当は各自が自分の判断で行動するのが望ましいことなのだが、ともかく集団としての決定が必要だし、人々の意見が対立しているからには、多数決で答えを出すのがもっとも害が少ないという理屈である。ワイマール時代にドイツ圏で活躍した法哲学者のハンス・ケルゼンは、民主主義に関するパンフレット、『デモクラシーの本質と価値』のなかで、単純多数決こそが、各自の自己決定と集団の結論との矛盾を最小化する手続であることを指摘している。

ワイマール共和国は、さまざまなイデオロギーや世界観が激しく対立し、それが結局、民主的な政治体制の崩壊を導くことになった。ケルゼンが、自己決定にもとづいて多数決を正当化する議論を提示した背後には、それぞれの立場の内容が正しいか否かという問題に踏み込まずに、ともかく可能なかぎり多くの人々の同意をとりつけることのできる決定によって、かろうじて社会の秩序を守ろうとする意図を見てとることができる。

†功利主義

多数決の第二の論拠は功利主義である。功利主義は、ときに個人の行動の決定原理として議論されることがあるが、本来は、社会全体としての行動の決定と評価の原理として提示され、議論されてきたものである。ここでは、そのなかで最も単純で首尾一貫している（したがってわかりやすい）ジェレミー・ベンサムの説いた功利主義を取り上げてみよう。

ベンサムによれば、善悪の評価の唯一の基準は、社会の幸福の最大化に資するか否かである。彼のいう「幸福」は心理的なものであって、原理的には、計量可能である。ある人の「幸福」は、その人が感じる「快楽」から「苦痛」を差し引くことで得られる。したがって、ある政策決定を行うことで、社会のメンバーが感じる幸福をすべての人について計量し、それをすべて足しあわせれば、社会全体の幸福の量がわかる。その量ができるだけ多くなるような政策をとるべきだ（それ以外に、政策の善し悪しを判断する基準はない）というのが、ベンサムの議論の大要である。

ところで、人の感じる快楽と苦痛は、原理的には計量可能とはいっても、他人にはそう簡単にはわからない。やはり、ここは、本人に申告してもらうのが一番であろう。申告の方法としては、投票が簡単である。

たとえば、ダムを作るべきか否かに関してなら、ダムを作ることで幸福になる人は賛成の票を投じ、不幸になる人は反対の票を投ずるであろう。賛成票が反対票よりも多ければ、ダムの建設で社会全体としての幸福の量は、差し引きで増大するはずである。功利主義からすれば、ダムは建設すべきことになる。つまり、単純多数決は、社会全体の幸福の量の増減をはかり、幸福を増大させる決定を見分ける手段になるという議論である。

もちろん、話はもっと複雑のはずである。普通、投票は一人一票であって、ダム建設によってきわめて不幸になる人も、わずかに幸福になる人も、投じることのできるのは一票である。正確に計量すれば、この二人の幸福と不幸を差引勘定すると不幸の量が増すはずであるが、投票の結果としては、賛成と反対が一票ずつにしかならない。

また、政策の選択肢が三つ以上あるときは、自分が最も反対する（不幸になる）政策を葬るために、自分が一番賛成するというわけではない政策に賛成票を投ずるという戦略的投票も起こりうる。投票の結果は、社会全体の幸福の増減を必ずしも正確には反映しないかもしれない。

こうした技術的問題を超えて、功利主義の考え方そのものが、政策決定の手段として間違っているという批判もありうる。人々の幸福と不幸との差し引き計算が許されるという考え方からすると、たまたま通りかかった人をつかまえてその臓器を取り出し、移植を必要としている複数の患者に移植すること（つまり一人の犠牲で複数の人の命を助けること）も正当化されはしないだろうか。

また、一人ひとりをできるだけ幸福にするべきだという議論はわかるが、「社会全体」という一個の生物がいて、それが幸福になったり不幸になったりするわけではない以上、異なる個人の幸不幸を差引勘定して社会全体の幸福の量を計量することにどういう意味があるのかという疑問もある。

とはいえ、社会としての統一した結論を決めなければならないのなら、できるだけ多くの人を幸福にし、できるだけ少ない人が不幸になる結論をとるべきだという前提自体は、多くの人々の共感を得られるように思われる。そうした結果に到達するための政策が本当にあるのか（多数決がそうした政策を見分ける手段になるのか）、そして、たとえそうした政策があるとしても、個々人の幸不幸を単純に集計しただけでは、それがあまりにグロテスクなもの（通りがかりの人を解剖するというような）になりはしないかという疑問は残るとしても。

†すべての人を公平に扱う

集団としての一致した決定が必要であり、かつ、人々の意見が分かれているとき、過半数で答えを決める単純多数決こそが、すべての人々を公平に扱う決定手続だというのが、第三の理由づけである。

いま、一〇一人からなる集団があるとして、ある問題について、一〇〇人まではどちらでも構わないと考えているとしよう。残りの一人は、どうしてもある結論が正しいと考えているとする。その場合、その残りの一人が正しいとする結論を集団の決定とするのが、公平だといえないだろうか。彼（女）の意見に反して、集団の結論を決めたとすれば、彼（女）の立場を不当に無視したことになるように思われる。

次に、一〇一人のうち、五〇人はAという結論が正しいと考え、別の五〇人はBという結論が正しいと考えているとする。残る一人がAをとるかBをとるかで、集団としての結論を決めるのが、やはり、その人を公平に扱うやり方だということにならないだろうか。

集団のメンバーの一人ひとりを公平に扱うということは、一人ひとりを他のいずれのメンバーとも同等の存在として扱うことである。ある問題に関する集団としての結論に到達するにあたって、一人ひとりの意見を、他のいずれのメンバーの意見とも同じ重みを持つものとして扱おうとすれば、結局、単純多数決で結論を決めることにならざるをえない。

この理由づけは、純粋に手続の公平さに着目したもので、そうした手続を経た結果、得られる結論が集団をよりよい事態に導くか否かとは無関係である。手続自体の備える徳目に着目し、得られる結論の善し悪しにかかわらないという意味では、第一の自己決定の最大化という理由づけと似ている。逆にいえば、結論の善し悪しを全く度外視してよいのかという観点からの批判は免れない。

もちろん、すべてのメンバーを公平に扱うというのが、この議論のねらいであるから、単純多数決の結果であっても、たとえば、特定のメンバーないし特定のグループについてだけ、多数決への参加権（投票権）を認めないという結論はとりえないことになるであろう。ただ、これも手続の備える公平という徳目を損なってはならないというだけの制約であって、そこから生まれる結論の善し悪しにかかわるものではない。

†コンドルセの定理

第四の理由づけは、うってかわって、単純多数決が結論の正しさを保障する（ことがある）という議論である。この議論は、コンドルセというフランス革命期に活躍した政治家兼数学者が提示したもので、次のような定理にもとづいている。

ある集団のメンバーが、二つの選択肢のうち正しい方を選ぶ確率が、メンバー全体で平均して二分の一を超えており、かつ、各メンバーがお互いに独立に投票するならば、その集団が単純多数決によって正しい答えに達する確率は、メンバーの数が増すにつれて増大し、極限的には一、つまり一〇〇パーセントとなる。逆に、メンバーが正しい選択肢を選ぶ確率が平均して二分の一を下回っているならば、集団が多数決によって正しい答えに到達する確率は、メンバーの数が増えるにつれて減少し、ゼロに近づく。

壺のなかに白玉と黒玉が入っているとして、全体として白玉の数が黒玉より多ければ、壺のなかからつかみ出すサンプルの数が増えれば増えるほど、サンプルのなかで白玉が黒玉より多い確率は増える。壺の中の玉をすべて出してしまえば、前提からして白玉が黒玉より多い確率は一〇〇パーセントである。コンドルセの定理は、これとよく似た単純な話である。

政策に関する選択肢が、ダムを作るか作らないかというように、二つあり、かついずれかが正しい場合、ランダムに選んだとしても、正しい選択をする確率は二分の一であるから、充分に情報を与えられた市民が平均して二分の一を超える確率で正しい選択をするという想定はさほど突飛なものではない。そのとき、多数決が正しい結論を導く確率は、投票者の数が増えるにつれて増すことになる。

もちろん、この議論にもとづいて多数決を正当化するにはいろいろな問題点がある。そもそも、政策の善し悪しについて、「正解」なるものがありうるのかという根源的な問題もある。また、現代の政治過程では、政党や結社が大きな役割を果たすが、人々がその所属する政党の指示に従って投票するのでは、実質的な意味で投票者の数が減ることになり、このため、たとえ集団のメンバーの平均的な判断能力が比較的すぐれたものであるとしても、多数決が正しい結論を導く確率は低下することになる。

さらに、問題がきわめて専門的なものであったり、人々が偏見にとらわれがちな問題であったりすれば、人々の平均的な判断能力は低下し、そのため多数決が正しい結論を導く確率も、投票者の数の増大とともに低下することになる。少数者の人権にかかわる問題が、民主的な多数決ではなく、政治過程から独立した裁判所の判断に委ねられるべきだといわれるのも、こうした考慮からすれば、納得がいくことになろう。

もちろん、専門的な問題について、専門家自身の間で意見が分かれることもありうる。そのときには、専門家同士で多数決をとればよい。裁判官の間で意見が分かれたときは、やはり多数決で結論を出すことになっている。

第2章 なぜ民主主義なのか？

†多数決と民主主義の異同

今まで、なぜ多数決なのかという問題について、いくつかの説明の仕方を見てきた。これらのうち、ただ一つが問題に対する「正解」だというわけではない。多数決はいろいろな役割を果たしうる。直面している問題ごとに、多数決の持つさまざまな機能のうち一つが、あるいはいくつかが利用されていると考えるべきであろう。場合によっては、ある多数決に参加する人ごとに、その多数決がどのような役割を果たしているか（個々人の幸不幸を集計する道具なのか、手続の公平性を保とうとしているだけなのか）について異なる見方をしていることもありえよう。

また、自己決定の最大化や手続の公平性という徳目は、単純多数決を行うことで、いわば自動的に実現できるが、功利主義の標榜する全体の幸福の最大化やコンドルセの指摘した「正解」への到達は、いくつかの条件が整えば、そうした結果に到達できるという、条件つきの理由づけである。

さて、なぜ多数決なのかという問題からなぜ民主主義なのかという問題へと議論を進めるにあたって留意すべき点がある。まず、なぜ多数決なのかという問題と、なぜ民主主義なのかという問題とは同じではない。裁判所のように、民主的とはいいにくい機関、むしろ民主的に選ばれていない専門家が構成することをメリットとする機関であっても、メンバーの意見が分かれて、議論を通じても一致を見ないときは、多数決で事を決するのが通常である（裁判所法七七条参照）。

とはいえ、民主主義の政治体制の下では、人々の意見が対立し、それにもかかわらず集団全体としての統一した意思決定が必要な場合には、多数決で事が決せられることが普通であるから、なぜ多数決なのかという問題に対するさまざまな答えは、なぜ民主主義なのかという問題に答える際にも、流用することが可能であろう。

なぜ多数決なのかという問題と同様、なぜ民主主義なのかという問題についても、何か一つの「正解」があるという硬直的な、子どもっぽい態度はとるべきではない。民主主義は、それが核心的な構成要素として含みこんでいる多数決と同様、さまざまな役割を、ときには同時に果たしていることが多いであろう。

†二つの見方

何度も繰り返しているように、民主政治は――おそらく独裁政治も――人々の意見が対立しているにもかかわらず、その問題について社会全体として統一した結論が必要となる場合に、その結論を出すことが期待されている。

そのとき、二つの異なるものの見方を区別する必要がある。第一は、そうした社会の決定には、客観的に見て正しい答えがあるのであって、民主主義および多数決は、その「正解」を発見するための、あるいは少なくともそれに近づくための、手段だという見方である。

第二は、政治的な決定には、人々が抱いているさまざまな主観的見解を超える「客観的な正解」は存在せず、したがって、われわれは民主的な手続に従って出された答えを、「自分たちの答え」として受け入れるしかないという見方である。そのときは、どのような手続であれば、それを「自分たちの答え」として納得して受け入れることができるかが、ポイントとなる。

第一の見方によれば、民主的プロセスを経て出された答えが正しい答えであるか否かを判定する基準が、民主的プロセスとは独立に存在する。第二の見方からすると、そうした基準は、民主的プロセスと独立には存在しない。競馬やサイコロ・ゲームが、定められた手続に従って適正・公平に行われたか否かは判定できるが、ゲームの結果は、それがいかに驚くべき結果であれ、受け入れざるをえないのと同じである。

多数決に関する理由づけでいえば、自己決定の最大化や手続の公平性を説く議論は、第二の見方に立っていることになる。功利主義やコンドルセの定理にもとづく議論は、第一の見方に立っている。

†第一の見方をさらに二分する

さて、このうち、第一の見方、つまり民主的に出された結論の当否を判定する基準が、民主的プロセス自体とは別に存在するという見方をさらに二つに分けることができる。一つは①民主的なプロセスのなかで表明される議論や投票等は、「客観的な正解」を念頭においたうえで、それを直接に表明しようとするものだという見方である。いま一つは、②民主的なプロセスにおけるさまざまな議論や投票等は、必ずしもそうした「客観的な正解」を直接に目指そうとするものではない、という考え方である。

後者、つまり②は少々わかりにくいかもしれない。「客観的正解」があるのならば、民主的決定手続に参加する人々は、その正解が何かに応じて、議論をしたり投票をしたりするのが当然ではないだろうか。

②の考え方の典型は、功利主義の民主主義観である。功利主義の立場からすると、民主主義とは、社会のメンバーの多様な利益、端的にいえば、個々人が幸福になるか不幸になるかについての情報を議会に反映させ、そこでの審議や調整を通じて、社会全体の幸福の最大化を目指すというシステムである。この場合、民主的プロセスの出した結論が正しいか否かを判断するための基準は、民主的プロセスとは別に存在する。

しかし、そうした「正解」に到達するためには、人々は、まずは自分自身の快楽や苦痛に関する声を議会に率直に反映させる必要がある。「正解」は、そうした多様な声を集計し、調整する結果として得られる。有権者が社会全体の幸福に関する「正解」が何かを前もって判断し、それにもとづいて投票をしたりすると、集計されるべきでない情報が入力されてしまい、最終的に出される結論も歪んだものになりかねない。

功利主義の考え方からすると、有権者はもっぱら自分たちの狭い自己利益を率直に表明すべきであり、議会の議員はそうした選出母体の狭い利益を忠実に議会に伝え、そのうえで全体としての政策の調整を行うべきである。すべてのメンバーが自己利益にもとづいて行動する結果が、社会全体の幸福の最大化という客観的「正解」を導く。

これに対して、功利主義の「正解」の判定基準を維持しつつ、コンドルセの想定に従って、有権者が、それぞれ、二つの対立する政策のうち、いずれが社会の幸福の最大化につながるかを議論し、慎重に考えたうえで投票するという民主主義のモデルを考えることもできる。この場合、先ほどの区別でいえば、①の立場がとられていることになる。

†アーレントの民主主義観

なぜ民主主義なのかという問題に関する政治思想の伝統を見ると、三一頁で説明した二つの立場に加えて、もう一つの立場、つまり民主政治に参加すること自体が人を真に人たらしめることであり、ともかく参加すること自体に意義があるという考え方を見出すことができる。

こうした議論の典型は、ハンナ・アーレントのものである。彼女によれば、アテネのような古典古代ギリシャのポリスにおいては、動物的な新陳代謝の場であり、自然の必要が支配する場である私的領域（つまり各家庭）から、人々の目に触れる公共空間に歩み出で、卓越した弁論の力を示すことで討議や決定に参加し、人々の間に永遠の記憶を残すこと、それこそが真に人間らしい生き方とされた。

民主政治への参加に生きる意義を見出そうとする同様の態度は、アメリカ合衆国建国当時の人々にも見られると、彼女は主張する。アメリカの各地域でのタウンミーティングに参加した人々は、義務感や自己利益のためにそうしたわけではなく、討議と決定への参加を楽しみ、それに幸福を感じていたからこそそうしたのだというわけである。

†民主主義の自己目的化?

こうした民主政治への見方は、意外と広く支持されている。とくに、インテリの間にこうした見方をする人がしばしば見られる。しかし、こうしたヒステリカルな民主政治観は、民主政治の意義を過剰に評価しているとともに、議論そのものとして見ても、自家撞着《じかどうちゃく》を起こす、成り立ちえない議論のように思われる。

少なくとも、現代の民主政治について考えるかぎり、一人ひとりの発言や投票が全体の結果にもたらしうる影響力はほぼゼロに等しい。民主的参加の意義を強調することは、少なくとも個々人の利害得失という観点から見れば、非合理的である。国政の動向が個々人の生活に大きな影響を及ぼすような社会であれば、否応なしに人々は政治に関心を持ち、それへの参加を強いられるであろうが、そうした社会は、むしろ多くの人々を不幸にする社会であろう。人生には政治以外にも重要なことがいろいろあるものである。

ここで、カズオ・イシグロが『日の名残り』のなかで描く執事のスティーヴンスの意見を聞いてみよう。この小説のなかで問題とされているように、ナチスに加担するか否かについても意見を持たないでよいかどうかはともかく、彼の見解には汲むべきところが多い。

われわれ、イギリスのような国に住む人間としては、国際関係のような大問題についても自分で考え、意見をまとめるつとめがあるのかもしれません。しかし、人生というのはそういうものでしょうか。庶民がすべての問題について「強い意見」を持つことなど期待できるはずがありません。……そして、そうした期待は非現実的であるとともに、望ましいことでもないように思います。結局のところ、庶民が学び知りうることにはかぎりがあるわけで、国家の大問題について、彼らすべてに「強い意見」を示すよう望むのは、賢明なこととはいいがたいでしょう。

アレクシス・ドゥ・トックヴィルは、『アメリカの民主政治』のなかで、民主政治がもたらす良い効果について記述しているが、彼のいう良い効果の多くは、民主政治の下で起こる経済や市民生活の活性化を指しており、政治的決定への参加そのものの直接の効果とはいいがたい。トックヴィル自身、アメリカ合衆国の政治家の多くが凡庸な人々であることを指摘している。凡庸な政治家に任せておいても、一般人の生活に大きな（悪い）影響をもたらさない程度に民主政治の行動範囲を枠づけることは、第II部で見るように、立憲主義の重要な役割である。

第二に、政治参加をそれ自体、目的であるかのように語る議論は、そもそも議論として成り立ちえないように思われる。

たしかに、社会公共のことがらに関する討議や決定に参加することが、人々に喜びや幸福感を与えることはあるだろう。しかし、それは、あくまで政治参加の副次的効果にすぎない。政治参加が生きる喜びをもたらすとすれば、それは自分の参加が結果として社会全体の利益に貢献することができたと考えるからこそであろう。

自分の提示した議論の結果、結論としても「正解」が得られたとか、ともかく社会としての統一した決定が必要であった以上、公正公平な手続でそうした決定が得られてよかったというときにこそ、政治に参加した人は幸福を感ずるのではなかろうか。自らの努力の結果が、社会の利益を大きく損なうことが明らかとなったとき、あるいは、それがほとんどゼロであると気づいたとき、それでも人々は生きる喜びを感じるものであろうか。

この種の副次的効果は、社会全体の利益を目指そうとするからこそ、そしてそれに多少とも貢献することができたと感ずるからこそ生ずるもので、生きる意義を見出すこと自体を目的に政治に参加したとしても、そうした意義を見出すことはできないはずである。そして、達成されるべき社会全体の利益は、最終的には、社会の一人ひとりのメンバーの利益になるものでなければならない。政治参加自体を目的とする民主主義の理由づけは、自己破壊的といえる。

ところで、副次的効果を直接の目的とすることに自己破壊的結果が生み出される例としては、国民一般の法制度への理解を深めるという目的を、国民の司法参加の理由づけとする議論をも挙げることができる。たとえば、国民が裁判員として裁判に参加することによって国民の法制度への理解が深まるのは、その国民が正しい裁判を行うよう真摯に努力した場合に、その副次的効果としてであろう。単に法制度に関する見聞を広めようとして裁判に参加したとしても、さして法制度への理解は深まらないであろうし、そうした目的意識を抱いた人々が裁判に参加することは、訴訟の当事者にとってはきわめて不幸な事態といえる。

†民主主義の失敗

本章の冒頭で述べたように、なぜ民主主義なのかという問題に対するこれらさまざまな答えのうち、いずれかが唯一の正解だというわけではない（民主主義を自己目的化する議論はそもそも正解とはいいがたいが）。民主主義はさまざまな役割を果たしうるシステムであり、いろいろな立場から異なった仕方で正当化できるシステムである。

「客観的に正しい」といいうる政策を確定するために民主的手続が用いられることもあれば、多様な利益の調整と妥協の手段として民主的手続が用いられることもあるだろう。そして、そうした決定が得られた結果、参加した人々が幸福感を得ることもありうる。しかし、最低限、民主主義が果たしているのは、人々の意見が対立する問題、しかも社会全体として統一した決定が要求される問題について、結論を出すという役割である。

こうしてさまざまなかたちで民主主義が正当化できるとしたとき、では民主主義が限定されるべきなのは、つまり、民主主義で決められることに制限が設けられるのは、なぜだろうか。それに対する答えは、ごく抽象的なレベルでいえば、次のようになるだろう。

民主主義が期待されている最低限の役割、つまり人々の意見の対立する問題について、社会全体としての統一した結論を下すという役割を果たしうるには、一定の条件がある。その条件がそろっていないところで、民主主義が社会全体としての統一した結論を出そうとすると、社会はむしろ対立の度合いを深刻化させ、分裂を招きかねない。

民主主義が問題の解決に失敗した結果、社会の重大な危機を招いた例は、歴史上、事欠かない。アメリカ合衆国は奴隷解放問題を民主的に解決することができず、国土を二分する内乱を招いた。第四共和制フランスはアルジェリア独立問題を民主的に解決することができず、結局、ドゴール大統領に問題の解決を委ねた。ワイマール共和国が社会内部の深刻なイデオロギー対立を解決することができず、民主政治自体の崩壊を招いたことは、すでに見たとおりである。

イェール大学のロバート・ダール教授は、初期の著作である『民主主義理論の基礎』のなかで、民主政治は、「瑣末事 chaff」にのみかかわるものだとさえいう。いいかえれば、民主政治は、社会の根幹にかかわるような問題を解決することはできない。

†民主主義の限界

もちろん、戦争や独裁を通じてしか解決しえないような深刻な問題もあるだろう。奴隷の解放や植民地の独立は、少なくとも論理的には、平等な市民から構成される民主的社会が成立する以前の問題であって、民主主義がそれを解決しえないのは当然だという見方もありうる。また、経済的苦境や民族的対立があまりにも激化して、通常の民主的政治過程によっては到底解決できないこともありうる。

ダールは、別の著書のなかで、民主政治が機能する必須の条件として、①選挙された公務員による軍および警察のコントロール、②民主的な信念と政治文化の普及、③民主主義に敵対的な外国の影響の不在を挙げる。さらに、民主政治の機能にとって好ましい条件として、彼は、①現代的な市場経済と社会システム、②国内の文化的対立が弱いことを挙げる(この問題については、一〇四頁で再び立ち戻って扱う)。

しかし、経済的・文化的にさほどの危機にさらされているわけでもなく、かつ、平等な権利を享有するメンバーのみから成っているはずの民主社会であっても、なお、民主的には決めるべきではない問題群がある。立憲主義による民主主義の制限がそれである。ダールにならっていえば、それも「社会の根幹」にかかわる問題だからということになるだろう。

経済的・文化的な環境が整っていることも大事であるが、それと並んで、民主主義が良好に機能する条件の一つは、民主主義が適切に答えを出しうる問題に、民主主義の決定できることがらが限定されていることである。釘を打つのに花瓶を使うべきでないように、ネジを回すのに爪先を使うべきでないように、民主主義を使うべきでない場面がある。この世の中には、社会全体としての統一した答えを多数決で出すべき問題と、そうでない問題があるというわけである。答えを先取りしていえば、その境界を線引きし、民主主義がそれを踏み越えないように境界線を警備するのが、立憲主義の眼目である。

もっとも、これでは説明としてあまりにも抽象的で漠然としている。次の検討課題は、ではなぜ、民主主義の良好な機能のために、民主主義の決定しうることがらの範囲を限定しなければならないかである。なぜ、民主主義では決定すべきでない問題がこの世に起こるのだろうか。そして、なぜそれが社会の根幹にかかわる問題といえるのだろうか。第II部では、その問題を取り扱う。

第Ⅱ部

なぜ立憲主義か？

ディエゴ・ベラスケス「ブレダの開城」(プラド美術館所蔵)

第3章　比較不能な価値の共存

†「自然権」は自然か?

立憲主義は西欧起源の思想である。この思想を支えるものとして、自然権を思い浮かべる人は多いだろう。人は、人であるということ自体で、生まれながらにして自由かつ平等の権利を享有している。この自然権を確実に保障するために、人々は社会契約を結び、立憲主義にもとづく国家を建設したという考え方である。

「自然権」という言い回しにもかかわらず、この考え方は決して「自然」な考え方ではない。功利主義哲学者のジェレミー・ベンサムによれば、自然権なるものは「大げさなナンセンス」にすぎない。人は生まれながらにして自由で平等であるどころか、人は生まれてただちに親に絶対的に服従せざるをえない。また、人の支配従属関係は社会のいたるところに見られるものである。人がつねに自由で自分の思いどおりに行動できることとなれば、契約や法律で人の行動を規制することもままならなくなり、社会生活がそもそも成り立たない。

道徳および立法に関する唯一の基準が社会の幸福の最大化だと考えたベンサムにとって、自然権という観念が明晰な思考をさまたげるナンセンスにすぎなかったことは当然である。彼からすれば、国家の役割も社会の幸福の最大化であり、あるかないかもはっきりしない自然権の保障などではなかった。

もっとも、こうした外在的な批判はおくとしても、人が人であること自体によって、自由で平等だと考えることが、人のありのままの自然の傾向であるかも、おおいに疑わしい。つまり、人であれば誰もが自然と、こうした考え方をとるわけではない。むしろ、ありのままの自然に任せておいたのでは、人はそうは考えないからこそ、「自然権」という考え方が重要な意味を持つ。

すべての人は平等だと宣言したアメリカ建国の父たちの多くは奴隷主であった。すべての人に生来、平等の権利があるとナチスの支配下のすべての人々が考えていたら、ユダヤ人を強制収容所に送って大量に虐殺することもなかっただろう。また、生物学的に見れば明らかに人であるにもかかわらず、人間扱いしないで殺戮や抑圧の対象とする事件は、二〇世紀の終わりになっても、アフリカや旧ユーゴスラヴィア、インドネシア等、いたるところで発生している。

以下では、なぜ、人は自然に「自然権」がすべての人にあるとは考えないのか、それにもかかわらず、なぜ「自然権」がすべての人にあると考えることが必要となるのかを考えていこう。

†「正義の状況」

二〇〇二年一一月に逝去した政治哲学者のジョン・ロールズによって広められた概念の一つに「正義の状況 circumstances of justice」というものがある。この言い回しは、少々ミスリーディングである。「正義の状況」というと、あたかも正義が実現されている理想の状況のことを指しているように思われるかもしれない。しかし、この概念は、正義なるものを人間が必要とするのはなぜかを、人間が通常、置かれているいくつかの条件に照らして説明しようとするものである。つまり、人間が正義を必要とするにいたる状況が、「正義の状況」である。

ロールズのいう「正義の状況」を構成する条件は、大きく、客観的条件と主観的条件とに分かれる。客観的条件は、多くの人間が集まって生活していること、人々の肉体的・知的能力がほぼ同等であること、人間の必要とする資源はあり余っているわけではなく、稀少であることである。人は通常、寄り集まって社会生活を送るし、多少の長短はあれ、人の能力は著しく異なるわけではない。人一倍腕力の強い人間や飛びぬけて知恵の働く人間でも、睡眠はとる必要があるし、しょせん一人では大勢にはかなわない。

他方、主観的条件として彼が挙げるのは、人々の関心や必要の対象が互いに重なり合うこと、それにもかかわらず、一人ひとりは独自のライフ・プランを持ち、何が善い生き方であるかについて異なる考え方を持つこと。また、人が持つ知識や理解や判断の能力は、十全なものとはいいがたいことである。

もし、人がばらばらに孤立して生活するのであれば、彼らに共通する正義の理念は必要ないであろうし、人の必要とする資源が、すべての人の必要や関心を満たしてなお余るほど満ち溢れているのであれば、やはり社会生活における正義は必要ではない。正義という理念の主な役割は、稀少な資源を正しく人々の間に配分することだからである（各人のもともとの「所有物」をそのまま維持するというのも正義の一つの考え方である）。

マルクスが、生産力の発展がいずれ、権力や法を利用せずとも、各人があり余る資源を利用し、その能力を開花させる状況を生み出すと予想したことはよく知られている。つまり、「正義の状況」の客観的条件が消失する結果、正義も不要となるというのがマルクスの想定である。

また、何が善い生き方であるかについて人々の見解が対立することがなければ、その生き方に資源を集中して注ぎ込めばよいし、人間の他人を思いやる能力が現実よりはるかにすぐれたものであれば、やはり資源の配分の仕方をまとまって考える必要性は薄れる。個々人の善意に任せておけば、多くの問題は解決するであろう。

「正義の状況」のうち、客観的条件については、マルクスのような例外はあるにしても、古今を通じてたいていの人がその存在を認めてきた。これに対して、主観的条件、なかでも何が人としての善き生き方であるかに関する考え方が多様であるという事実については、古今東西を通じて、人間の共通了解であったとはいいにくい。そうした認識が明確に打ち出され、しかもそれを社会の構成原理である正義の前提条件とする考え方が成立したのは、宗教戦争を経た後の近代ヨーロッパでのことである。

†宗教戦争と懐疑主義

この間の経緯については、政治思想史家であるリチャード・タックの説明がわかりやすい。宗教改革後の争乱は、カトリック、プロテスタントのいずれの側も決定的な勝利を収めることのできないまま膠着状態に陥り、人々は互いに相いれない――それどころかお互いを悪魔の手先とみなす──価値観・宇宙観が対峙する社会で生きていかざるをえなくなった。

こうした状況で人々の心をとらえるのは懐疑主義である。モンテーニュの『エセー』(とくにその第一二章)は、国が違い時代が違えば、社会慣習も道徳観も全く変わり、何が正義で何が善であるかも見定めがたいという諦念に貫かれている。

……習慣や法律におけるほど、人々の意見がまちまちなものはない。ある事柄がここでは忌まわしいものとされるが、別のところでは立派なこととされる。たとえば、ラケダイモンでは盗みの巧みさが称賛される。近親結婚はわれわれの間では死刑で禁じられているが、よその国では名誉とされる。……子殺し、父殺し、密通、盗品の取引き、あらゆる種類の放埒な快楽等、要するにどんな極端なことでも、どこかの国民の習慣で認められないものはない。

しかし、何が正義であるかが全く不確定であれば、人々が共同して社会生活を営み、人間らしく暮らすことも不可能となる。勝手気ままに他人を傷つけたり、他人の財産を奪ったりしても、何が正義かわからないのであれば、そうした蛮行もその人から見れば正義だったのであろうと諦めるしかなさそうである。

タックによれば、この問題を解決する鍵は懐疑主義者たちの主張のなかに隠されていた。モンテーニュ等の懐疑主義者も、正義や善について見解を異にする人々自身、自分の命を守ろうとする点では一致することを指摘していたからである。根底的に相対立する価値観を奉ずる人々も、各自にとって自己保存が何より肝要であることについては意見が一致する。そうである以上は、自己保存のために不可欠な自分の財産（固有の資源）の保全が必要である点についても、意見は一致するであろう。

このいわば、人間の見解の最低限の一致を梃子《てこ》として局面の打開をはかったのが、グロティウスやホッブズをはじめとする社会契約論者である。彼らは、すべての人が生まれながらにして自己保存への権利、つまり自然権を持つという考え方をベースに、異なる価値観の共存しうる社会の枠組みを構築しようとした。立憲主義のはじまりである。

†ハムレットとドン・キホーテ

この時代の精神状況を端的に示す人物像の一つは、ハムレットである。『ハムレット』は、一六〇〇年から一六〇四年にかけて、つまりエリザベス朝末期からジェームズ一世治世の初年にかけて上演された。

エリザベス女王は、国教会を再編成することでカトリックとプロテスタントの対立に揺れるイングランドに、可能なかぎり広汎な信従を確保しうる宗教を確立しようとした。一方のジェームズ・スチュアートは、カトリックであったスコットランド女王メアリ・スチュアートの子でありながら、プロテスタントとして育てられ、謀叛の疑いで母親メアリを処刑したエリザベスの死後、後をついで国教会の首長たるイングランド王となった人物である。

父王の死後、その後を襲い、母后と再婚した叔父を殺害するハムレットに、ジェームズ・スチュアートの影を見るカール・シュミットの解釈には、相応の説得力がある。メアリ・スチュアートの夫でジェームズの父であるヘンリー・ダーンリ卿は、一五六七年二月、ボスウェル伯に殺害され、三カ月後の同年五月、メアリ・スチュアートは、このボスウェルと結婚している。

異なる信仰の対立は、個人に良心の存在を意識させる。既存の教会への盲従ではなく、自らの良心の選ぶ宗教への帰依が求められる。父の亡霊に復讐を促されながらも逡巡し、地獄から現れた悪魔ではないかとの懐疑に身を苛《さいな》まれて、なかなか復讐を実行に移そうとしないハムレットの姿は、宗教改革とともに新たに現れた個人の良心を象徴している。そこでは、個人は生き方を自ら選ばねばならない。

どちらがりっぱな生き方か、このまま心のうちに暴虐な運命の矢弾をじっと耐えしのぶことか、それとも寄せ来る怒濤の苦難に敢然と立ちむかい、闘ってそれに終止符をうつことか。

「それが問題だ」(『ハムレット』第三幕第一場)。それは、宗教改革以降の世界を生きるあらゆる個人にとっての問題である。

近代小説の嚆矢とされる『ドン・キホーテ』も同じ時代(一六〇五年)に著されている。セルヴァンテスを近代世界の確立者の一人とするミラン・クンデラは、この小説の誕生について、次のように解説する。

かつて神は高い地位から宇宙とその価値を統べ、善と悪とを区別し、ものにはそれぞれひとつの意味を与えていましたが、この地位からいまや神は徐々に立ち去ってゆこうとしていました。ドン・キホーテが自分の家を後にしたのはこのときでしたが、彼にはもう世界を識別することはできませんでした。至高の「審判者」の不在のなかで、世界は突然おそるべき両義性のなかに姿をあらわしました。神の唯一の「真理」

はおびただしい数の相対的真理に解体され、人々はこれらの相対的真理を共有することになりました。こうして近代世界が誕生し、と同時に、近代世界の像《イマージュ》でもあればモデルでもある小説が誕生したのでした。

それは、「人間は、善と悪とが明確に区別されうるような世界を望んでいる」にもかかわらず生じたことであった。

†比較不能な価値観の対立

タックの描く近代的な自然権論成立の経緯は、いろいろな点で意味深い。まず肝心なのは、世界観・宇宙観の対立が殺し合いにいたる争いを招いたことである。

人にとって、自分の人生の意味は何か、この宇宙はなぜ存在するのかといった根底的な価値観は、きわめて大切なものである。それは各自の人生の意味を決める。これこそが正しい価値観だと思えば、それは自分にとって正しいだけではなく、人一般にとって正しいと考えるのが、人の自然の傾向であろう。異なる価値観を持っている人がいれば、そうした人に抑圧や強制を加えてでも、「正しい」価値観へと立ち直らせるのが、「正しい」人のつとめだというのが、自然な思考のおもむくところである。

しかし、ロールズが指摘するように（そして、モンテーニュが描いたように）、そうした根底的な価値観は一つではない。そして、それらは両立しない。一人の人間が、一国の有能な宰相であると同時に、バレリーナとして世界的に活躍することがありえないという意味で両立しないというだけではない。異なる価値観は、比較不能でさえある。

比較不能（incommensurable）という関係については、オクスフォードの法哲学教授であるジョゼフ・ラズの分析がよく知られている。彼によれば、AとBとは、いずれかが他方よりすぐれているとはいえず、かつ、両方が同価値であるともいえないとき、比較不能である。有能な政治家として一国の政治を指導することと、すぐれたバレリーナとして活動することと、どちらがどちらより善いとはいえず、かつ、両方が同じ価値を持つともいえない。

もし両方が同じ価値を持つのであれば、いずれかの価値を増すことで、そちらの方が善いといえるようになるはずである。たとえば、すぐれたバレリーナであるだけでなく、すぐれた舞台演出家としても活動するというように。単にすぐれたバレリーナであるよりは、同時にすぐれた舞台演出家でもある方がより善いことといえるだろう。しかし、それと有能な政治家として一国の政治を指導することとを比べたとしても、やはり、どちらが善いとはいえない。つまり、芸術家としての生き方と政治家としての生き方とでは、両方を比べる共通の物差しが欠けている。

ミラン・クンデラの小説『存在の耐えられない軽さ』の冒頭部分で、主人公のトーマスが、田舎町でたまたま出会ったテレザと結婚すべきか、それとも、独身のプレーボーイの生活をつづけるべきかを迷う場面がある。トーマスは考える。

テレザと共に生きる方が善いのか、それとも独りで生きるべきか。いずれが善いかを知るすべはない。比べる基準が欠けているからだ。

トーマスはテレザとともに生きることを選ぶ。その選択は物語の展開が示すように、二人の将来にとって致命的なものであった。しかし、それより善い選択があったわけではない。ハムレットの選択と同様である。

同じように、人生の意義にかかわる二つの根底的な価値観、たとえば二つの異なる宗教は、両方を比べる物差しが欠けているという意味で、比較不能である。それぞれの宗教は、それを信奉することではじめてその信者の人生に意義を与えることができる。その人自身にとっては、自らの宗教が最善の宗教であろう。しかし、他の宗教を信奉する人にとっては、その宗教こそが最善の宗教である。二つの宗教の価値を比べる物差しはない。

†立憲主義への途

多様な価値の比較不能性という、以上で描いた事実からは、政治思想史家のアイザィア・バーリンが指摘するように、すべての人にとっての理想の社会なるものは決して到来しないであろうし、また、そもそもそうした社会を考えつくことも不可能だという結論が導かれる。人によって究極の理想とするものが異なり、しかもそれらが両立しえず、さらに両立しえない理想を相互に順序づけることもできないのであれば、すべての人にとっての理想の社会という観念自体、四角い円という観念と同様、筋の通らない、ありえないものだということになる。すべての人にとっての理想の社会を実現するという人が現れたとき、眉につばをつけて用心すべき理由もそこにある。

比較する客観的な物差しのないところで、複数の究極的な価値観が優劣をかけて争えば、ことは自然と血みどろの争いに陥りがちである。それぞれの人生の意義、宇宙の意味がかかっている以上、たやすく相手に譲歩するわけにはいかない。しかも、人の能力はさほど異なるものではなく、一方の陣営が必ずしも圧倒的な優位に立ちうるわけではない。宗教の対立が戦争を生み出しがちなのは、自然なことである。

哲学者のリチャード・ローティは、旧ユーゴスラヴィア等で民族や文化の対立が内乱を引き起こすとき、対立する者同士は、相手をそもそも「人間」とみなさない傾向があると指摘する。ボスニアのセルビア人にとって、ムスリムはもはや「人間」とはいえない。自分たちが人間として生きる上でこの上なく大切だと思う文化や価値を重んじない人間が現れれば、それを自分たちと同じ「人間」として扱わないということも生じうるであろう。

一九九九年はじめ、ボルネオ島でダヤク（Dayak）族がマドゥラ人（Madurese）に対して行った殺戮と人肉食を報告する新聞記事は、ダヤク族のある教師の次のような談話を伝えている。

ダヤク族からすれば、われわれの掟を守らない者はもはや人間ではなく動物にすぎない。つまり、ダヤク族は動物を食べているわけだ。

実際、あるダヤク族の男は、人肉は「チキンとちょうど同じ味がする。とくに肝臓、本当にチキンと同じだ」といったと伝えられている。

対立する、比較不能でさえある究極的な価値観が相互に対立し、せめぎ合っているという事実の認識自体からは、何をどうすべきかという実践的結論がただちに導かれるわけではない。

何が正しいかはわからないのだから、人はみな自分が正しいと信ずることを信ずるとおりに行うべきだという相対主義の結論を出す人もいるだろう。しかし、それは論理の必然ではない。何が正しいかはわからないのだから、世間を避けて（あるいは世間の中で目立たないように）ひっそりと生きるべきだという結論を出す人もいるだろうが、それもまた論理の必然ではない。異なる価値観が公正に共存しうる――そういう意味で正義にかなった――社会生活の枠組みを構築するという途、つまり立憲主義という途もありうる。

†公と私の人為的区分――政治の領域の限定

究極的な価値観の対立が戦争を生み出す経緯については、前節までで説明したとおりである。こうした人間の傾向は、「万人の万人に対する闘争」から抜け出すべきことを説いたホッブズだけではなく、人間の「非社交的社交性」という本性を指摘したカントによっても見抜かれていたものである。

しかし、いずれ人々はこの破壊的メカニズムに気づく。人生の意義、宇宙の存在意義をかけて血みどろの争いをつづけるよりは、この世で平和な社会を築き、人間らしい社会生活を送ることを、よりましな選択として選ぶようになる。そのためには、人々の深刻な対立をもたらしかねない根底的な価値観の対立が、社会生活の枠組み設定（とくに人々の自己保存を支える社会システムの枠組み）のなかに侵入しないようにする必要がある。

たとえば、特定の宗教を信じていること（あるいはともかく宗教を信じていること）が、社会生活を送るうえで有利な地位（有利な資源配分）を意味するような枠組みが設定されていたり、そうした枠組みを設定しようとする試みがなされたりすると、人が生きていくうえで必要な資源配分の対立が根底的な価値観の対立と結びつけられることになる。

差別された側にとっては、自分が心から大切だと思う価値観に結びつけられた差別であって、きわめて不公正な扱いだと受け止めるであろう。そうした扱いを受けるぐらいなら、共同して社会生活を送ること自体を放棄しようとする動きや、逆に相手の価値観こそを不利に扱うような枠組みを設定すべきだという動きが現れても不思議ではない。それは、社会の分裂を招きかねない深刻な対立の火種となる。

人々の抱く価値観が根底的なレベルで対立しており、しかも、各人が自分の奉ずる価値観を心底大切だと考えているような状況で、人々が平和に社会生活を送ることのできるような枠組みを作ろうとすれば、まず、人々の抱く価値観の対立が社会生活の枠組みを設定する政治の舞台に入り込まないようにする必要がある。公と私の区分、より狭くいえば、政治と宗教との区分が、こうして要請される。

自分が自分にとって真に大切だと考える価値観、たとえば宗教については、自分自身が、あるいは自分の家庭で、さらには志を共にする仲間同士でそれについて語り合い、信仰を確かめ合うことで足りるであろう。しかし、どんな価値観を抱いている人であれ、人が生きるうえで必要な資源を社会のなかでいかに配分し、どう使用するかについて考える際には、そうした各自にとってこの上なく大切な価値観は脇に置いて、いかなる価値観を奉じている人にも共通するような物差しで議論をし、最終的な判断を下す必要がある。

もちろん、そうした審議や決定に参加するとき、事実上、自分の奉ずる宗教が全く自分の判断に影響を与えないことは考えにくい。しかし、公の場で社会全体にあてはまる政策の善し悪しについて議論するときは、同じ宗教を奉ずる人にしか理解できない理屈にもとづいて政策の当否を論じたり評価したりすべきではない。どんな人でも理解し、共感できるような議論を提示することで、はじめて社会全体の利益に関する冷静な判断が可能となる。

自然権論も、それにもとづく立憲主義も、何か特定の宗教や哲学によって基礎づけられているわけではないことには注意が必要である。立憲主義の底を掘っていくと、たとえば、人間だけが平等な権利を生来与えられたものとして万物の創造主によって創造された、というテーゼに行き当たるわけではない。そうした特定のテーゼに寄り掛かったのでは、そのテーゼを信奉する人しか、立憲主義を支持することはできない。それでは、根底的に異なる価値観を抱く人々の間に、公正な社会生活の枠組みを打ち立てることはできない。

†民主的手続の過重負担

民主主義にもとづいて解決できる問題のなかに、各自が心から大切だと思う、しかし相互にせめぎあう価値観にかかわる問題を含ませるべきでない理由は、以上に描いたような人間の置かれた状況にある。人の生き方や人生の意味づけなど、個々人の自律的判断に任されるべき事項について社会全体として統一した結論を出そうとすると、その決定の手続がいかに民主的なものであれ、その手続自体に過重な負担をかけることになる。

民主的手続が、本来、使われるべきでない目的のために使われれば、きしみを生ずることは明らかである。その結果、民主的な決定のプロセスは、その本来の目的のためにもうまく機能しなくなりがちである。

少数派は、多数派が真摯に社会全体の利益を考えて提案する場合も、自分たちが大切に思うことを理由に自分たちを不当に扱うつもりではないかと疑ってかかることになる。すべての人に平等にあてはまるはずの法に対する忠誠心は薄れ、政治のプロセスは異なる党派同士のあからさまな資源の分捕り合戦に陥る。いったん不倶戴天の「敵」と「友」に分かれてしまった亀裂を修復して、社会としての融和とまとまりを回復することは容易ではない。そして、少数派の人々は、自分たちが大切だと信ずることのために不当に扱われないで生きるには、社会を割って出ていくしかない、あるいは多数派の統治に対して暴力的に抵抗し、その統治組織をくつがえすしかないと考えるかもしれない。

現代の立憲主義諸国で広く採用されている制度、つまり、民主的な手続を通じてさえ侵すことのできない権利を硬性の憲法典で規定し、それを保障する任務を、民主政治のプロセスから独立した地位を持つ裁判所に委ねるという制度（違憲審査制）は、民主的な手続に過重な負担をかけて社会生活の枠組み自体を壊してしまわないようにするための工夫でもある。

†ジョン・ロックの抵抗権論

ジョン・ロックの語る社会契約論および抵抗権論は、こうした考え方の筋道を典型的に示している。人々が自然状態における困難を解決するために社会契約を結び、政治社会を建設するにいたることは、ロックも他の社会契約論者と変わらない。

人々は、各自の固有のもの（property）のより確実な保障を求めて政治社会を構成し、共通の立法者と裁判官に自分たちの政治権力を委ねる。こうして成立した政府の権力は、当然のことながら、人々の同意にもとづいて信託された権力の範囲に限定される。この範囲を踏み越えて、政府が人々の財産を侵害したり、生命や自由を危うくしたりするようなことがあれば、政府への権力の信託は解消され、そもそもの保有者である各個人へと復帰する。

ロックによれば、政府による権限逸脱の典型例は、特定の信仰を人々に押しつけることである。政府の設立目的は、人々の固有のものをよりよく保障することにあるが、そこに含まれるのは人々の世俗的利益、つまり生命、自由、財産の保護に限定される。来世のこと、各人の信仰にかかわることはその範囲に入らない。信仰は各人の内心の問題であり、強制された信仰によって魂が救済されるはずはない。そうである以上、政府に信託される権限には、宗教にかかわる事項はありえず、したがって、何人もその信仰を理由として現世における生命、自由、財産を奪われる理由はない。

そうした圧政を政府が行う場合は、政府への権力の信託は解消し、人民と政府とは戦争状態に入る。人民は自己に復帰した政治権力を用いて、政府との紛争を「天に訴えること」、つまり反乱を起こし、圧政を行う政府に抵抗する権利を持つ。

ロックが、代表議会や権力の分立と均衡など、立憲主義にもとづく統治のさまざまなシステムを提案したことはよく知られている（ロックは裁判所による違憲審査制度は提案しなかった）。しかし、ロックは、こうしたさまざまな制度装置を通じても、圧政の危険性を完全に除去することは難しいと考えていた。彼が最後の手段としての抵抗権に論及したのも、そのためである。

第4章　公私の区分と人権

†「公」と「私」の人為的な境界線

　再確認しておかなければならないのは、公と私の区分が、決して人間の本性にもとづいた自然なものではないということである。人間の本性からすれば、自分が心から大切だと思う価値観は、それを社会全体に押し及ぼしたいと思うものである。しかし、そうした人間の本性を放置すれば、究極の価値観をめぐって「敵」と「友」に分かれる血みどろの争いが発生する。それを防いで、社会全体の利益にかかわる冷静な討議と判断の場を設けようとすれば、人為的に公と私とを区分することが必要となる。

　立憲主義的な憲法典で保障されている「人権」のかなりの部分は、比較不能な価値観を奉ずる人々が公平に社会生活を送る枠組みを構築するために、公と私の人為的な区分を線引きし、警備するためのものである。プライバシーの権利、思想・良心の自由、信教の自由は、その典型である。

†信教の自由

たとえば、社会の多数派が支持する宗教の信者が、自分たちの宗教を支援するために、税金の一部を使うというかたちで政治権力を利用することがありうる。そうした制度は、その宗教を支持しない人間にとっては、自分たちの財産を強制的に自分の支持しない宗教のために没収されることを意味するだろう。その制度が、当該宗教が正しい宗教であることを根拠としないで、公の場で根拠づけられることは、想像しがたい。

そうした制度を提案する人々は、別の論拠を公の場で持ち出すかもしれない。たとえば、宗教施設が文化財としての意義を持つとか、宗教団体が学校教育に関して重要な役割を果たしているとか。しかし、そうした根拠を持ち出すからには、同じように文化財としての意義を持つ他の宗教施設にも財政支援をすべきだろうし、学校教育にかかわっているからには、他の宗教団体にも財政支援を行うべきことになるだろう。

したがって、文化の保護や教育への助成といった別のもっともらしい根拠を持ち出して、外形上、特定の宗教を支援する財政措置がとられるときは、実際にとられている措置が、持ち出されている根拠と厳密に見合っているか否かを審査しなければならない。目的と手段とが厳密に見合っていなければ、やはり、当該措置の裏側には、特定の宗教を支援しようとする社会の多数派の意図があるといわざるをえない。そして、そうした措置は、当該宗教を支持しない人々を、その宗教上の信念のゆえに、社会のなかの二級市民として位置づけていることになる。それは、信教の自由を明らかに侵害する。

憲法学のジャーゴン（専門語）で、違憲審査の場面において「厳格な審査基準」が適用されるべきだとされる一群の問題がある。思想・信条や表現活動に対する政府の規制が行われることがあるが、そうした規制が、思想・信条や表現の「内容にもとづく規制」、つまりどんな思想や表現が提示され、標榜されているかに即して規制をする場合には、裁判所は厳格な審査基準をあてはめて、そうした規制を行うべき真にやむをえない理由があるかを審査すると同時に、そうした理由づけと、実際に採用されている規制手段とが厳密に見合っているか否かをも審査すべきだとされている。

そうした「内容にもとづく規制」は、表向きはもっともらしい理由によって正当化されていても、実際には、特定の思想や表現を抑圧したり、あるいは助長したりするために行われている危険性が高いという想定にもとづく審査手法である。表向きのもっともらしい理由と、実際に採用されている規制手段とが充分に見合っていない場合には、実は、そうした規制を設けた政治的多数派は、別の隠された意図をもってその規制を設けていると推定されることになる。

究極的な価値観のせめぎ合いが社会生活の枠組みを破壊することのないよう、裁判所が公と私の境界線を警備する活動の一環である。

†自己決定

個人が私的な領域でいかに生きるかに干渉しようとする政策も、やはり、公と私の区分を損なうおそれが強い。二〇〇三年六月に、アメリカ連邦最高裁判所は、同性同士の合意にもとづく性的交渉を犯罪として罰するテキサス州法を、プライバシーの権利を侵す違憲の法律と判断した（Lawrence v. Texas)。

合意した大人の人間の性行動を、それが性道徳に関する社会の多数派の観念に反するからといって、国家権力をもって禁止しようとすることは、人生をいかに生きるべきかは一人ひとりが判断すべきことがらだという、公私区分論の大前提に反する。それは、個々人の生き方を自律的に判断する点であらゆる人の平等を認める立憲主義の前提と衝突する。

こうした論点を、憲法が明文で認めていない権利——同性同士の性的交渉の自由——を裁判所が新たに創設し、保護することができるか否かという問題として設定し、議論しようとする人々がいる。しかしながら、問題は、同性同士の性的交渉の自由が憲法上保障されているか否かという矮小化されたレベルのものではない。具体的なあれこれの自由が憲法によって保障されているか否かは、二次的な問題であり、核心的な問題を解決した結果を後から振り返ったとき、たまたま現れる帰結である。

立憲主義から見たときの本当の問題は、人生はいかに生きるべきか、何がそれぞれの人生に意味を与える価値なのかを自ら判断する能力を特定の人間に対して否定することが、許されるか否かである。そうした能力を特定の人々についてのみ否定することは、彼らを社会生活を共に送る、同等の存在としてみなさないと宣言していることになる。そしてその理由は、彼らが心の底から大切にしている生き方が、社会の他のメンバーにとっては「気持ちの悪い」、あるいは既存の「社会道徳」に反するものと思われるからというものである。立憲主義はそうした扱いを許さない。

†「愛国心」の教育

二〇〇三年の三月、文部科学大臣の諮問機関である中央教育審議会は、教育基本法の見直しを提言し、その中で「国を愛する心」の涵養《かんよう》を、法改正にあたって原則の一つとして掲げている。この提言が論争を呼ぶのは、それが政党間の対立協調関係と複雑にからみあっているというだけの理由からではない。一つの問題は、「国を愛する心」つまり「愛国心」の内容がはなはだ不分明であるという点にある。

漢字の読み方や算数の九九の計算法を教える、あるいは世界の主要国の首都の名前を教えるというのは、わかりやすい。テストをして答えを見れば、生徒が理解したか否かを見分けることは容易である。これに対して、「国を愛する心」が身についたか否かは、どうすれば見分けることができるだろうか。

危ぶまれるのは、国旗や国歌といったシンボルを通して、「国を愛する心」が目に見える態度として現れているか否かが、見分ける方法として用いられるという事態である。「君が代」をココロを込めて歌ったり、「日の丸」の掲揚を見て、ジーンときたりするココロが育つことで「国を愛する心」が身についたのだとすると、単に訓練された犬と同様の反射的態度が身についたというだけのことである。シンボルに対して犬のように反応する生徒と、そうしない生徒とが現れたとき、両者で成績を異ならせることは何を意味することになるだろうか。

「国を愛する心」という標語で、中央教育審議会が真に目指しているのが、社会公共の利益の実現に力を合わせようとする心なのだとすれば、それを育てるのは、たとえば、身近な環境問題や差別問題がどうすれば解決できるかを、理性的に分析する指導であろう。過去の歴史のゆえに、それへの反感をも含めてさまざまな反応を呼び起こしがちなシンボルを正面に掲げて、それへ示された態度いかんで成績を定めることは、むしろ、社会公共の問題に対するそうした冷静な分析をさまたげ、かえって、学校のなかに、正体のはっきりしないモヤモヤした感情をめぐる亀裂をもたらしかねない。

シンボルはあくまでシンボルであり、実体の代用品である。日本という社会が、各自の生き方や価値観をそれぞれ大切にし、その反面、社会公共の問題については、各人の人生観や世界観が直接に露出しないような、つまり、異なる人生観や世界観を抱く人にも受け入れられるような議論を通じて、何がみんなのためになるかについて合意を得ようとする冷静な社会であれば、自然と人々は、その社会のシンボルにも敬意を示すようになるであろう。

国旗や国歌に対する人々の態度は、実際の日本社会に対する人々の態度を鏡のように示しているだけのことである。鏡に映る自分の姿が気に入らないからといって、鏡の像を無理やり加工しようとしても、得られるものは多くないだろう。

公教育の場における「愛国心」教育は、思想・良心の自由を侵害するがゆえに問題だといわれる。もっとも、問題なのは、憲法典の文言と教育基本法の文言とが矛盾するか否かという法令同士の関係にはとどまらない。そこで問われているのは、日本という社会のあり方である。

以上、現代社会で議論されているいくつかの問題を通して、多様な価値観が共存していくための土台となる公と私の区分の意義と、この区分が憲法上の権利としていかに取り込まれているかを説明した。次章では、憲法上の権利が持つ、もう一つの性格について説明する。

第5章 公共財としての憲法上の権利

†社会の利益の実現を目指す権利

さて、いままで説明してきたとおり、公と私の区分は天然自然のものではなく人為的なものであるから、社会によって異なる線引きがなされることもおおいにありうる。プライバシーとして、どこまでの情報が保護されるかは、当該社会で一般に期待されている保護範囲がどのようなものかという事実上の問題によるところが大きい。

もっとも、天然自然の線がどこかに引かれているわけではないからといって、公私の区分はいつでも引き直せるというわけではない。むしろ、アプリオリな線があらかじめ存在しないからこそ、いったん引かれた線にこだわらねばならない。後退を始めれば、アプリオリな線がない以上、踏みとどまることのできる地点はどこにも存在しない。公私の境界線に関して、たとえば最高裁判所が保護の線引きをすれば（前章「自己決定」の項を参照）、よほどの事情がない以上、それを維持していかなければ、人々の期待を裏切る措置が行われることになり、決まっているはずのことを、各人の抱く価値観にもとづいて後から変更する不公正な扱いがなされたとの非難を招くことになる。

ところで、憲法上の権利のすべてが、こうした公私の生活領域の線引きを主な任務としているわけではない。それらのなかには、むしろ社会の利益の実現を目指して、憲法上保障されているものがある。これらは、「公共財としての権利」と呼ぶことができる。

†公共財

われわれが日常生活で消費する商品やサービスの多くは、市場での取引を通じて手に入れることができる。価格メカニズムが良好に機能しているかぎり、需要と供給のバランスはとれ、資源の最適な配分が実現できる（と経済学の入門書には書いてある）。

しかし、価格メカニズムが良好に機能しない物やサービスがある。たとえば、消防というサービスを考えてみよう。かりに、消費者がそれぞれ消防サービス会社と（月極めで）契約し、火事になりそうだというときには、消防車を繰り出してサービスを提供してもらうことにしたとする。こうしたサービスの持つ特徴は、そのサービスの効果が、お金を払って契約をしている消費者だけではなく、その周辺に住む人々にも同様に及ぶことである。近所で火事が発生したとすれば、契約した消費者はもちろん消防車を呼ぶであろうが、その結果、助かるのは、当該契約者だけではなく、その周辺の住民すべてである。

だとすれば、合理的に計算する（普通の）人は誰か間の抜けた人が消防サービス会社と契約するのを待って、そのサービスにただ乗りしようとするはずである。しかし、すべての人がこうした合理的行動をとれば、消防サービス会社と契約する人は現れず、その結果、この社会から消防サービスがなくなるという、誰も望まない事態がもたらされる。

この種の公共財といわれるサービスについては、代金を支払った人だけがサービスを享受できるという「消費の排除性」や、誰かがそのサービスを消費することで、他の人はもはやそのサービスを享受することができなくなるという「消費の競合性」がない（あるいはきわめて薄い）ために、価格メカニズムを通じてでは、適切な提供が行われない。そこで、こうした公共財については、政府が社会全体の利益を勘案して提供し、そのコストを税金によって、社会全体から公平に徴収するという手続がとられることになる。

†自由な表現の空間

さて、公共財の多く、たとえば消防、警察、外交、防衛、さらには道路、港湾、空港の建設などについては、どれだけのコストでどれだけのものを提供するかに関して、通常、民主的手続を踏んで決定が行われる。多くの人々がもっと公共の道路がほしいと思っているときは、膨大な建設費を使って道路が作られ、人々が、もう道路はたくさんだと思っているときは、道路建設事業は縮小される。

これに対して、公共財のなかには、そのときどきの政治的多数派の決定によって、供給の量を変化させるべきでないものもある。たとえば、自由な表現の空間がそれである。きれいな空気や水によってかたちづくられる環境が典型的な公共財であるように、誰もが自由に思ったことを表現することのできる自由な表現の空間も、一種の公共財である。

誰もが自由に表現活動のできる空間は、表現する個々人にとって意味があるだけではない。一般人の多くは、自分の思うことを表現することにそれほどの価値を見出してはいないはずである。自分で新聞を編集して発行したり、苦労して小説を執筆したりするよりも、他人の編集・販売する新聞を読んだり、本屋で他人の書いた小説を購入して読む方が、はるかに多くの便益を得ることができるし、コストも少なくてすむ。

自由な表現の空間は、こうして広い読者に受け入れられるすぐれた出版物を生み出して、文芸や学問の発展に資するだけではない。豊かな情報が行き渡り、それにもとづく討論や批判の応酬も自由に行われることで、民主主義的な政治過程が良好に機能するための土台がかたちづくられる。世の中に、多様な価値観や生き方が存在することが広く世に知られることは、立憲主義的な公正な社会の枠組みを支える、寛容の精神を人々の間に育むことにつながる。

そして、自由な表現の空間が公共財であることは、その不可欠の構成要素である表現の自由という憲法上の権利も、また、公共財であることを意味する。こうした社会の枠組みの基礎をなすような、社会の長期的な利益を支えるような公共財については、そのときどきの政治多数派の意図とは独立に、身分を保障された裁判官によって構成される裁判所が、その適切な提供を保証するのが、立憲主義諸国の通例である。

†マスメディアの表現の自由

表現の自由が公共財としての意義を持ち、公共財としての重要性のゆえに違憲審査を通じて厚く保障されるべきことは、マスメディアの表現の自由の意義とその限界を理解するのに役立つ。

マスメディアは法人である。生身の自然人ではない。法人たるマスメディアの名において実際に行動するのは、その会社法上の機関である取締役や、従業員である記者・カメラマンなどである。これら、個人の行動を、われわれはマスメディアの行動とみなしている。

読売新聞社やテレビ朝日などは、実際には、われわれの頭のなかにしかない約束事であり、これらのマスメディアが新聞を発行したり、取材をしたりするといわれるのは、実際には、マスメディアに所属する人々の行動をもって、マスメディアの行動だとみなすという約束事を前提として、われわれが現実の事象を意味づけるからである。

ところで、マスメディアにも表現の自由を認めるというのが、各国の憲法学上の扱いである。生身の人間ではない「法人」になぜ表現の自由を認める必要があるのだろうか。つきつめていえば、頭のなかの約束事にすぎない法人に、生身の個人と同様の「生来の自然権」を認める必要は、一見したところ、なさそうである。

マスメディアに表現の自由を認めると、マスメディアに所属する人々——編集者、記者、カメラマン、社長——等の自由な表現活動に資することになるから、という理由が持ち出されることがあるが、これはじつは理由にならない。これらの人々は、マスメディアに表現の自由が認められるか否かとかかわりなく、個人として生来の表現の自由を保障されている。そして、それは、マスメディアの枠外で表現活動を行うことで、十全に確保されるはずである。

また、マスメディアに所属する記者や編集者も、自社の編集方針に反してまで、所属するマスメディアの媒体を利用して好きなことを表現する自由はない。マスメディアに表現の自由を保障することが、所属する諸個人の表現の自由の確保につながるという議論には、説得力がない。

マスメディアに表現の自由を認める意義があるとすると、それは、所属する諸個人の自由とは関係なく、基礎づけられなければならない。有力な候補となるのは、そうすることが、自由な表現空間という公共財の機能に貢献するからという議論であろう。

マスメディアは、その巨大な組織と資金力を通じて、個人とは比較にならない規模で情報を収集・処理し、伝達することができる。したがって、マスメディアが民主主義的政治過程の基礎をかたちづくる役割や、価値観や生き方の多様性を伝える役割も、普通の個人とは比較にならない。自由な表現空間が持つ公共財としての機能は、マスメディアの活動を通じて、大きな効果を挙げることになる。

このため、そうした役割を果たすかぎりでは、通常の個人に認められないマスメディア特有の特権を保障する余地も開かれる。マスメディアに、通常の個人ではアクセスしえない情報に接近することが許されるのも、また、放送用の周波数帯の利用が許されるのも、こうした観点から説明することができる。

逆にいうと、マスメディアに自由な表現活動が認められるのは、それが公共財としての役割を果たしているかぎりにおいてである。巨大な組織と資金力を通じて、情報を収集・

処理・伝達するマスメディアは、社会に流通する情報の種別を自らの判断で左右する力も持つし、個人の名誉やプライバシーを侵害する情報を流せば、一個人が他人の名誉やプライバシーを侵害する場合に比べて、損害の規模や程度ははるかに大きくなる。

ことに、マスメディアが特定の価値観と協調して、公と私の生活領域の区分に攻撃を加えれば、立憲主義の目指す社会生活の基本的枠組み自体が危機にさらされることになりかねない。クリントン大統領に対するスキャンダル攻撃に典型的に見られるように、政治家の私生活という公の活動と無関係なプライバシーにかかわる事項を、特定の倫理観を背景に評価・非難するメディアの活動は、特定の価値観をもって公の領域を占拠しようとする動きと連動しがちである。

こうした活動は、産業活動がきれいな環境を汚染するのと同じように、自由な表現の空間の機能を阻害する「公害」と見ることができる。

マスメディアが、その役割のゆえに通常の個人には認められない特権を与えられるのと同じ理屈で、マスメディアに一定の規制を加えた方が自由な表現空間の機能がより向上すると考えられる場合には、そうした規制も正当化される余地もあることになる。その種の規制の典型は、放送事業者に対して番組の内容において政治的公平性を保つことや社会的に重要な論点についてさまざまな観点から解明することを義務づける制度で、日本では、放送法第三条の二が定めている。同様の規制は、立憲主義の政治体制をとる各国に広く見られる。

†マスメディアの部分規制

放送事業者に対するさまざまな規制、とくに番組内容に対する規制は、もし同じ規制をプリント・メディアである新聞に対して課したとすれば、違憲とされるはずのものであり、なぜそれが正当化されるかが議論されてきた。伝統的に規制の論拠とされてきたのは、①周波数帯の稀少性と、②放送の特殊な社会的影響力とである。

しかし、これら二つの議論は、放送に対する特殊な規制の正当化としては、説得力に欠けるといわざるをえない。稀少性という点では、放送局の数が総合編成の新聞の数に比べて少ないとは必ずしもいえないし、そもそも稀少であることが政府による規制を課す理由になるかは疑わしい。また、放送の社会的影響力が新聞の影響力に比べて特殊だという議論も、確実な裏づけに欠けている。

一つのありうる議論は、総合編成の新聞と放送とを合わせたメイン・ストリームのマスメディアが持つ、情報提供の独占的地位に着目するものである。これらのマスメディアは、社会生活の基本となり、日常的に社会のほとんどのメンバーが共有し、交換し合う情報の、ほとんど独占的な送り手の地位にある。そのために、これらのメディアが人々の生活にとっても、民主的政治過程の良好な作動のためにも、重要な役割を果たしていることは疑いがない。

しかし、こうした情報のボトルネックとしての地位が、マスメディアによって濫用される危険にも備える必要がある。特定の政治的立場にだけ好意的な情報を送ることで、特定の政党がつねに民主的政治過程を占拠する事態も考えられるし、特定の価値観に好意的な、あるいは敵対的な情報を送ることで、社会のなかが「敵」「友」に分かれて政治権力を争奪しようとする事態が生起することさえ考えられる。

かといって、こうしたマスメディアをすべて政府の規制の下におけば問題が解決するわけではない。政府による規制権限の濫用が、やはり特定の立場に偏った情報提供を導く危険があるからである。この点で、メディア・コングロマリットの主が内閣総理大臣を兼ねるベルルスコーニ支配下のイタリアは目も眩《くら》むような反面教師である。

こうした事態を避けるための一つの工夫は、稀少性や社会的影響力など、実態や機能の面では変わりのない新聞と放送のうち、放送のみを規制し、自由な新聞をそれと併存させるというものである。

放送に、多様な価値観や政治的立場を反映させるよう規制することで、新聞から洩れ落ちたさまざまな意見や考え方が、放送を通じて社会に提供される。他方、放送に対する規制がゆきすぎないよう、新聞が自由なメディアの原型を提供し、政府による規制権限の行使を批判する。こうした規制された放送と自由な新聞の相互の均衡を通じて、社会全体には、豊かな情報が公平に提供される結果を期待できる。

†民主主義にとっての討議の意味

前項までで検討したメディアの機能、そしてメディアに対する規制の可能性は、民主主義的な政治決定のあり方とも関連している。

第1章では、民主主義的な決定のあり方を、主に最後の結論の下し方である多数決の意義と関連させて検討した。しかし、民主的決定のあり方は、結論へ向けてどのような情報交換をし、どのように議論を行うべきなのかという問題をも含んでいる。

功利主義者のように、各人の幸不幸の度合いを正確に計量し、集計することだけが問題だという観点からすれば、情報の提供や議論の交換も、各人の幸不幸の度合いの変化を、為政者が正確に認識するためにのみ必要だということになるだろう。

もちろん、こうした考え方は、きわめて偏ったものである。各人の幸不幸の度合いを正確に集計し、その総量を最大化することこそが民主政治の目的だといわれて納得する人はそれほど多くはないであろう。こうした考え方からすると、たとえば、毎日シャンパンを大量に消費しなければ最低限の幸福も得られないという人にシャンパンを安価に供給すべきであり、その費用をまかなうためには、ごはんと味噌汁を三度三度食べていれば、とてもとても幸福という人にむしろ重点的に課税するのが当然だということになるといった、奇妙な問題が発生する。

福祉制度とその財源のあり方は、社会全体として統一した答えが要求される問題の一つである。社会の幸福が最大化するようにという立場もあれば、長期的に見たとき各人の所得が平準化するようにという結果の平等を目指す立場もありうる。また、仮想の人生の出発点（一六歳？）のとき、今後の人生で投資や消費のできる資源を平等な量与えることとし、その後、それをいかに投資したり、消費したりするかは、各人の選択に任せるという立場もありうる。

どの立場をとることが、社会全体の利益になり、かつ個々人がそれぞれ本当に大切だと思っている価値観について不公正な取扱いをしないことになるかは、それ自体、多方面からの議論の提示を待ち、冷静な議論の積み重ねを通じてはじめて判明するものであろう。

全員にとって統一した結論を出すときに多様な意見をとりいれ、議論を交換することが持つ意義は自明であって、ことさらいうまでもないことだという見方もあるかもしれない。

とはいえ、自明なことがらの意義を再確認することにいつも意味がないというわけでもない。ここでは、「多数者の英知」という議論、そして、その逆の現象を示す「集団偏向」という概念について検討する。

†「多数者の英知」と「集団偏向」

「多数者の英知」とは、アリストテレスがその『政治学』第三巻第一一章で展開している議論である。多数者による政治が正しい結論を導くのは、多くの人々がそれぞれの多様な見解や知見をつきあわせ、総合することで、全体としては、そのうちのどのメンバーよりもすぐれた判断を下すことができるからだというものである。個人としてはいかにすぐれた能力を持つ人でも、一人で収集・処理できる情報には限りがある。多数の人々の知恵を総合し、共通の知恵としてプールすることで、全体としては、よりすぐれた判断に達することができるというわけである。

多数の人々の知識・経験を総合することで判断能力の高まった集団が多数決で答えを出すと、コンドルセの定理の指し示すところでは、正解に到達する蓋然性が高くなるということになる。

他方、「集団偏向 group polarization」は、その裏返しの現象である。これは、同じような意見や傾向を持った人々が集まって討議を重ねると、最初よりも、その意見や傾向が過激化するという現象で、宗教上・政治上のセクトにしばしば見られる。ある問題について、一定方向に向けた議論ばかりが提供されると、それに説得されて各自の立場がそちらにつられるという事情や、周囲の人間に気に入られたい（嫌われたくない）という気持ちから、各メンバーが集団全体の方向に合わせて意見や態度を変えていくという事情が、この現象の原因として考えられる。

この現象が民主社会にもたらす影響を考察したシカゴ大学のサンスティン教授は、この傾向は、マスメディアの視聴行動にも、また、インターネット上のディスカッション・グループにも顕著に見られることを指摘する。こうした現象が好ましくない結果をもたらすことを避けるには、マスメディアの場合も、また、ディスカッション・グループの管理者の場合も、なるべく多様な見解を紹介し、単に周囲の人間がそう思っているからというだけではなく、根本の論拠にさかのぼって真剣に問題を考える態度を養うことが重要である。表現の自由が持つ公共財としての性格に着目するならば、単に各自がいいたいことをいう自由が保障されればそれで足りるというわけではないことが、こうした問題にも示されている。

以上、第4章と第5章を通じて、各種の憲法上の権利が立憲主義というプロジェクト全体にとってどのような意義を持つかを説明してきた。次章では、近代国家というものが、立憲主義というプロジェクトのなかでどのように位置づけられるかを検討する。

第6章 近代国家の成立

†社会契約というフィクション

第3章の冒頭で、自然権という概念の不自然さについて触れた。人は生来、自由で平等だと考えるというのが、ありのままの人の本性であれば、自然権などという概念を持ち出す必要もない。

人はむしろ、自分と異なる価値観を抱く人に出会うと、いさかいを起こしたり、殺し合いを始めたりするものである。腹を割って話をするなど危険千万な仕業《しわざ》であることはたいていの人が承知している。腹のなかで何を考えているかわからない人同士でも、平気な顔をして平和に社会生活を送ることができるように、人は公の場で政治について討議し、社会生活のルールとなる法を定める。自然権は、人の本性に反するフィクションである。

ところで、立憲主義の想定する国家成立の物語によれば、自然状態、つまり国家のない状態で暮らしていた人々は、自然状態の下でのいろいろな困難を解決するため、互いに社会契約を結んで国家を設立し、主権者の命令に服従して暮らすようになる。自然状態の下での困難として、典型的なのは、第5章で触れた公共財にあたるサービスが手に入らないことである。

自然状態では、泥棒や人殺しに出会っても、警察サービスは存在しないので、自分の生命や財産は自分で守るしかない。しかし、ケンカは戦争と同様、強い方が勝つのであって、正しい方が勝つとはかぎらない。生命や財産を守ることのできる実力を備えた人であっても、その実力を正確かつ適正に用いるか否かはわからない。公正な手続を経た事実認定を行い、あらかじめ存在する法を適用して判決を下す裁判所（つまり司法サービス）は、自然状態には存在しない。また、自然状態では、契約を結んでも相手がそれを守らないとき、契約を執行してくれる裁判所や執行官も存在しない。

こうした困難を解決するために、人は自然状態を脱して国家を設立し、国家の法、つまり主権者の定めた法に従って生活を送ることにしたというわけである。

さて、自然権が人の本性に反するフィクションであるように、自然状態で暮らしていた人々が社会契約を結んで国家を設立したという物語も、フィクションである。ヨーロッパに近代国家が成立する前に存在していたのは、自然状態ではなく身分制社会であり、そこでは、人は自然権ではなく、自分の属する身分や団体ごとに、それぞれ異なる義務と特権とを有していた。

†平等な人一般の創出

近代国家の構成要素としては、領土や国民とともに、主権が挙げられる。近代国家の主権は、教会・大学・同業者組合など、国家と個人の間に位置する社会内部の中間団体の保持してきた特権を絶対君主が吸い上げ、国内で最高にして国外に対して独立の政治権力を確立することで成立したものである。

その成立の過程で、人によって異なる特権と義務とを定めていた身分制秩序は破壊され、中央の強大な政治権力の反対側には、それまで所属していた中間団体から放り出されて、裸の個人となった国民が成立する。そうして作り出された国民は、もはや平等な権利を享有する個人の集合にすぎない。

この政治権力の統一と平等な個人の創出を完成させたのが、近代市民革命の典型といわれるフランス革命である。革命は、絶対君主の抱いていた夢を受け継ぎ、実現させたわけである。

本書のいままでの議論と関連させて説明しよう。近代国家は、身分制の下における、人によって異なる特権と義務の体系を破壊し、平等な人の創出を貫徹させた。それによって、そこに公と私の区分を機軸とし、私の領域においては各人が自らの選んだ生き方を追求するとともに、公の領域では社会全体の利益の実現へ向けて冷静な議論で合意形成をはかろうとする公正な社会の枠組みが成り立つ可能性が、はじめて現れたことになる。これに対して、身分制の下では、公と私とは融合しており、各自がその属する身分や団体でおのれの職分を果たすことが、すなわち、全体の利益への奉仕につながると考えられていた。

こうした変化は、つねに革命的に一挙に生ずるわけではない。イギリスでは、こうした身分制社会から平等な国民よりなる近代社会への変化が長い年月をかけて徐々に生じており、そのために、たとえば国王や貴族院を含む議会の構成のように、現在でも身分制社会のあり方が、政治機構のあり方に反映している。

イギリスにも名誉革命があったではないかという疑問を抱く人もいるかもしれない。ただ、現在の歴史学界では、「名誉革命」といわれる事件は、英国議会のイニシアティヴによる無血の国王交代劇ではなく、オランダの総督であったオレンジ公ウィリアムが、ルイ一四世のフランスの脅威の下にあったオランダの国運を打開するために、オランダ軍の精鋭を率いてイングランドを急襲し、征服した事件にほかならないという見方が広く受け入れられている。

自国が強大な隣国の脅威にさらされているにもかかわらず、他国の議会の要請で自国の守りの要である軍の精鋭を率い、イギリス海軍が警戒する海峡を越えてのこのこ出かけていったという教科書的な伝承が真実だとすれば、ウィリアムも、また当時のオランダ国民も信じられないほどのお人好しだったというべきであろう。

この侵攻作戦で、ウィリアムは、侵攻の目的は憲法を無視した統治を行うジェームズ二世の支配に代えて、古来の憲法にもとづく権利保障を英国国民に回復することにあるとの宣伝を大量のパンフレットの印刷・配布を通じて実施し、首尾よく英国を実効支配下に収めたのち、ほぼ同じ条件の権利の保障を交換条件に、議会に自己の正統な支配権を認めさせ、英国をルイ一四世のフランスに対抗する勢力に組み込むことに成功した。

英国議会は、ウィリアムの戴冠を認める代わりに、英国臣民の身分ごとの「古来の権利と自由」を承認させ、結果としては、当時、絶対主義へと転換しつつあった他の君主国と異なり、制限王制と宗教的寛容とを特徴とする国制を確立することになったわけである。

†天皇制という変則

さて、前節までで描いたような近代国家、そして近代社会成立の経緯のモデルを頭に入れることは、それに対する例外現象ないし変則を理解するうえでも役立つ。

日本の現在の憲法典である日本国憲法は、立憲主義の系譜に属する典型的な憲法典である。しかし、この憲法の下では、平等な人一般の権利を享有することができず、自らの属する身分に固有の義務と特権のみを享受するにとどまる人々がいる。天皇家の人々がそれである。

天皇家の人々には選挙権がないばかりではなく、皇族の男子が婚姻するには皇族会議の承認が必要で、したがって、婚姻も自由ではない。一般の国民に比べてプライバシーが大幅に縮減されていることは周知のところであるし、職業選択の自由があるわけでもない。財産の授受についても、国会の議決が必要とされている(憲法第八条)。また、天皇家の人々に表現の自由や信教の自由があるとも考えにくい。天皇がキリスト教に入信したり、マルクス主義を唱導したりすることは、憲法の予定していない事態であろう。

こうした天皇および皇族に対する著しい人権の制限も、さきほど描いた近代国家成立の経緯に照らして考えれば、理解は容易である。普遍的人権を享有する平等な個人の集合としての国民が成立したのは、近代市民革命がそれまでの身分制秩序を破壊し、個人と国家との間に存在する中間団体を粉砕して、権力を統一したことによってであった。

ところで、日本国憲法の作り出した政治体制は、平等な個人の創出を貫徹せず、世襲の天皇制（憲法第二条）という身分制の「飛び地」を残した。残したことの是非については、さまざまな議論がありえようが、現に憲法がそうした決断を下した以上は、「飛び地」のなかの天皇に人類普遍の人権が認められず、その身分に即した義務と特権のみがあるのも、理の当然である。

憲法の認める普遍的な権利は、皇居の堀端を超えては及ばない。したがって、たとえば、「女帝」が認められないのは男女平等原則に反するという議論は、「飛び地」の外の憲法原則を「飛び地」のなかに持ち込む倒錯した議論であってまじめな考慮にあたいしない。男女平等原則を貫徹しようとするのであれば、「飛び地」そのものをなくすのが先決といえよう。

†天皇という象徴

より深刻に見える問題は、そうした身分制秩序の「飛び地」に暮らす天皇が、憲法によって、日本国の象徴とされていることである（憲法第一条）。全体としては、普遍的人権を享有する平等な国民によって担われるはずの日本の憲法体制を、固有の身分に即した特殊な特権と義務を持つ天皇が象徴することには、明らかに不自然さがある。

もっとも、この問題は、みかけほど深刻ではないという見方もありうる。象徴、シンボルとは、抽象的な観念や事態を示す具体的なモノやヒトを指す。鳩は平和の象徴であり、白百合の花は純潔の象徴であり、マクドナルド・ハンバーガーはアメリカ帝国主義の象徴であるといった具合である。ある具体的なモノが抽象的な観念や事態の象徴であるか否かは、人々が、その具体的なモノを抽象的な観念や事態の象徴であると実際に考えるか否かに依存する問題である。鳩が平和の象徴であるのは、そのように多くの人々が考えるという事実があるからであって、多くの人がそうは考えなくなれば、鳩は平和の象徴ではない。

ところで、日本という国も、抽象的な存在である。それは目に見えないし、手で触ることもできない。日本という国自体が飛行機に乗ったり、人と話をしたりすることもない。目に見えたり、手で触ることができるのは、日本の領土である山や川、日本政府の官庁である財務省や経済産業省の建物等であって、それらが日本なのではない。それらの背後にあると観念的に想定されているのが日本という国である。つきつめていえば、日本という国はわれわれの頭のなかにしかない約束事である。

憲法は、天皇がこの抽象的な存在である日本の象徴だというのであるが、それには、「国民の総意に基づく」という限定がついている（憲法第一条）。鳩が平和の象徴であるか否かが、多くの人々がそのように鳩のことを考えるか否かという事実に依存しているように、天皇が日本の象徴であるか否かも、国民の多くがそのように天皇を考えるか否かという事実に依存している。日本国の象徴たる天皇の地位が「国民の総意に基づく」というのは、したがって、当然のことがらを確認しているだけのことである。

つまり、多くの国民が、身分制秩序のなかで生きる天皇を現在の日本の象徴と考える不自然さに気づいて、天皇を日本の象徴と考えなくなれば、天皇は日本の象徴ではなくなり、冒頭の問題も解消する。そのことを、憲法は暗に示唆していることになる。

†外国人という変則

天皇とは逆の方向から、近代国家と普遍的人権との関係に光を当てるのは、「外国人に認められる人権」という問題である。

従来の憲法学の議論の枠組みによると、参政権のように、その性質上国民にのみ認められるべきものは別として、原則として、外国人についても憲法上の権利は保障される。その前提には、いやしくも人たることにより当然享有する人権は、外国人も当然享受するはずだという想定がある。人が人であることによって当然に保障される普遍的な人権であれば、それを保障し、侵害を加えないよう努めるのは普遍的な義務である。

しかし、日本の判例は必ずしもこうした立場を貫いてはいない。いわゆるマクリーン事件の最高裁判決は、「憲法第三章の諸規定による基本的人権の保障は、権利の性質上日本国民のみをその対象としていると解されるものを除き、わが国に在留する外国人に対しても等しく及ぶものと解すべき」であるとの一般論を述べたうえではあるが、「外国人に対する憲法の基本的人権の保障は、……外国人在留制度のわく内で与えられているにすぎない」とする。そして外国人は、「在留期間中の憲法の基本的人権の保障を受ける行為を在留期間の更新の際に消極的事情としてしんしゃくされないことまでの保障が与えられているものと解することはできない」（最大判昭和五三・一〇・四民集三二巻七号一二二三頁）。

マクリーン事件で問題とされた原告の活動は、外交を含めた日本政府の政策を批判する活動であり、こうした典型的な政治的表現行為の内容にもとづいて私人に不利益を与える行為は、表現の自由の核心に反するはずである。しかし、それでもなお、こうした原告の活動を在留期間更新の際に消極的事情、つまり在留期間の更新をしない事由《じゆう》として斟酌《しんしゃく》することも許されるというのが、判例の立場である。

最高裁がその理由として示すのは、外国人には原則として入国の自由がなく（つまり、日本国として外国人を受け入れる義務はなく）、したがっていったん入国した外国人にも引きつづき在留する権利はないからというものである。

外国人に原則として入国の自由がなく、いったん入国した外国人にも在留しつづける権利がないことについては、学説も一般的に同意している。そして、こうした考え方は、日本だけではなく、世界各国において共通にとられている。およそ、いかなる者であれ、原則として外国人に入国を許し、無期限で滞在することを許すという建前をとる国が、まともな国として存続しうるとは現実には考えにくい。

外国人に日本に入国・在留する権利はなく、したがって入国・在留に条件を付すというかたちで在留外国人の憲法上の権利を自由に制限でき、在留期間更新の際には、人権によって保障されているはずの活動を消極的事情として斟酌しうる。だとすれば、そもそも日本国憲法は普遍的な「人権」を保障していると想定してよいのかという疑問さえ生じかねない。

実際、憲法は、人である以上、当然に保障すべき権利をすべての人に保障しようとしているわけではなく、もともと日本人という特定の人々の権利のみを保障しようとするものであり、そのうえで、そうした権利の保障をどこまでそれ以外の人々に拡張して適用することが可能かという問題設定が学説や判例によってなされてきたのではなかろうか。出発点がこのように設定されているのであれば、じつは、参政権など、「権利の性質上日本国民のみをその対象としていると解されるもの」と、それ以外の外国人にも等しく保障されるはずの権利との違いは、程度の差にすぎない。

†国籍の意味

普遍的人権であるはずのものが、同国人にのみ保障され、外国人には保障されないのはなぜかというパラドックスを解決する一つのアイディアは、功利主義哲学者であるロバート・グッディン教授が提示する次のような考え方である。彼によると、われわれが同国人に対して負っている権利保障の義務は、そもそもすべての人がすべての人に対して負っている普遍的義務に由来するもので、本来、特定のメンバー間についてのみ認められるものではないが、ただ、その効果的な実現のために、とくに同国人の間で便宜的に認められるものである。

本来は普遍的に妥当する義務であるが、それをすべての人がすべての人に対して遂行しようとするよりは、特定の人が特定の人のみに対してその義務を遂行することとした方が、より効果的に義務が遂行でき、したがって権利も効果的に実現する状況は少なくない。たとえ普遍的な義務であっても、ある人がその義務を果たしてしまえば、他の人が同じ義務を遂行しようとしてももはや無駄であり、かといって、誰か他の人がどうせ果たすであろうという理由で誰もが放置していると、誰もなすべき義務を果たさないという状況である。

たとえば、海水浴場で誰かが溺れそうになっているとき、本来は、その場にいるすべての人に救助義務があるはずだが、すべての人が一斉に救助におもむくと無用の混乱が生じ、かえって多くの人命が失われるおそれさえある。かといって、誰かが助ければそれですむことだとすべての人が考えるならば、誰も助けに行かないおそれもある。こうした場合、あらかじめ指定されたライフ・セーバーが救助におもむくこととすることで効果的に救助活動を遂行することができる。

入院患者を誰が診療すべきかという問題も同様で、患者を治療する義務はすべての医師が負うはずだが、すべての医師がすべての患者の診療を無差別に行うこととするよりは、特定の患者について担当の医師を指定して各患者の健康回復に努める方が効果的である。

国籍も似た機能を果たすと考えることができる。国家が提供するさまざまなサービス、そしてそれにかかるコストを分担する義務は、そもそもはあらゆる人があらゆる人に対して負っている普遍的な権利や義務のあらわれであるが、それを効果的に実現するためには、それぞれの属する国民同士について認めることが、少なくとも第一次的には適切である。この考え方からすれば、なぜ、外国人の権利を保障すべき責任が、第一次的には当該外国人が属する国家にあるかも説明がつく。

こうした考え方からすれば、国籍は、地球上で暮らす数多くの人々のうち、所与の人々について生来の人権を保障し、自由に幸福を追求しうる環境を整える責務を第一次的に負うのがどの政府であるかを指定するための便宜的な物差しとして用いられているわけである。複数の国籍を同時に保持する者が事実上、圧倒的に少数である世界では、国籍をこうした標識として用いることには十分な理由がある。ライフ・セーバーの比喩を延長していえば、広大な海水浴場を何人かのライフ・セーバーが分担しているとき、分担する仕方として、それぞれが特定の集団を受け持つこととしている状況と似ている。

逆にいえば、国籍が人権の保障にとって持つ意味も、せいぜいその程度のものにとどまる。もし、ある人が、母国の政府によって人権侵害を受けているような場合には、原則にもどって、むしろ他の国がその保護に努めるべき状況が回復することになるであろう。もともと、人権を保障すべき義務は、すべての人にあり、したがって、すべての国にあったはずだからである。

同じように、とりたてて母国の政府によって人権侵害を受けているわけではない人が、日本に定住し、生活している場合でも、国家間の任務分担の問題や、日本で生活する人々のコスト負担の公平に関して特別な困難をもたらさないのであれば、それらの人々に対して、日本人に対するのと同様の権利を保障しても構わないという結論が導かれるはずである。たとえば、定住外国人に対して選挙権を付与してはどうかという提案も、こうした考え方からすれば、実現の可能性を十分検討する余地があるということになる。

†分権の意味

すべての人が普遍的人権を享有するという建前からすれば、国籍にはさしたる意義はない――せいぜい人権保障の実効性を確保するための役割分担という意味しかない、というのが、前節の結論であった。ただし、話がそれほど単純であるはずはない。

本書の今までの立場からすると、すべての人に生まれながらにして平等な人権があるという想定も、特定の問題を解決するために考え出されたフィクションであって、当然の前提というわけではない。それは、多様な、互いにせめぎ合う価値観を抱く人々が、それでもなお協働して社会生活を営み、その便益とコストを公平に分かち合う基本的な枠組みとして働くことを期待された概念である。

ところで、ある社会のなかにどれほどの多様な価値観が存在するか、またそれらの立場の違いや対立の激しさがどれほどのものかは、社会によって異なりうる、事実上の問題である。極端な例でいえば、バチカン市国のように、メンバーの全員が特定の宗教にコミットしている社会もありうる。そうした社会では、公私の生活領域の切り分けを含めて、立憲主義的な枠組みは不要であろう。

他方、社会のなかの価値観の対立がきわめて激烈であって、メンバーの間で「共通の利益」を考える余地がきわめて限られているような社会もありうる。そうした社会では、全社会に共通する利益を審議・決定する公の領域は狭まり、むしろ、各部分社会ごとに自治権を認めていく方が、さらには連邦制度を導入する方が、異なる価値観の平和的共存の可能性は高まるであろう。

最近のベルギーやイギリスでは、文化圏ごとの自治権を拡大する動きが見られる。中央政府の権限を残したままで自治権を拡大する方策をとれば、異なる文化の共存を容易にする一方、各自治政府内での少数者の権利を中央政府が保護する余地も残すことができる。連邦国家内部での移動の自由を保障することも、同じ機能を果たしうる。

もっとも、そうした方向への動きがさらに進めば、共通の利益について討議し、決定することをもはやあきらめて、異なる価値観を抱く人ごとに別個の国家を設立する方が、平和を実現しうる蓋然性が高いと判断される場合も出てくる。ベルリンの壁が崩れた後、東ヨーロッパ諸国のなかには、それまで抑圧されていた民族意識、独自の文化意識が噴出して、それぞれ別個の国家を建設する動きが相次いだ。

†国境の意味

民族意識や文化意識は、経済が十分に発展しておらず、そのために政府を通じて配分される資源や地位が大きな意義を持つ社会で強くなりがちである。つまり、公的な生活領域が私的領域に比べて相対的に広がりすぎたために、対立する価値観の侵入に対する抵抗力がかえって弱まり、政策決定が民族対立や文化の対立と結びつけられる傾向が生まれる。市場経済を典型とする独自の経済生活の領域が公と私との緩衝材として働く社会の方が、立憲的民主主義は良好に機能する。そして、社会内部の対立が激化し、治安の維持が緊要の課題となった国家において、市民から選出された政治家が軍部や警察を効果的にコントロールしうる蓋然性は低下するであろう。ダールが掲げる民主主義の良好な機能の諸条件(四〇頁参照)の間には、お互いに有機的な連関があることがわかる。

多様な文化の共存の可能性が薄れた状況、あるいは当初からそれが欠けている状況で、なお国家としての統一性を維持しようとすれば、少数派に対する多数派の文化的・政治的抑圧に対抗して少数派がテロに訴える危険性が現れる。事態がそこまで悪化すれば、少数派への独立の付与は、テロに報償を与えることを意味することとなり、また、テロを効果的に遂行するために組織されたそれ自体抑圧的な政府に、少数派の支配を委ねる結果になりかねない。現在、スリランカ政府がタミル過激派との関係で立たされているのが、こうした立場である。

さて、いままで展開してきた議論の筋からすると、国と国の間に設定された国境は、比較不能な価値観の間に平和を確立するために人為的に設定されたものだということになる。「自然の国境」などというものは「自然権」と同様、存在しない。異なる価値観が境を隔てて平和に共存しうるようにあえて引かれた線である。

しかし、アプリオリに存在しないものであるからこそ、両側に住む人々は、それにこだわらざるをえない。公と私の境界がそうであったように、そもそも自然な国境がない以上、いったん後退を始めれば、踏みとどまることのできる地点はどこにもないからである。

そして、国境で隔てられた二つの社会が、両者にかかわる問題について対立する結論を出したとき、それを内容の正しさに即して比較しようとしても、両者がともに受け入れられる判定結果を得られる保証はない。両者の間には、そもそも共通する比較の物差しが欠けているかもしれないからである。ここでも、単に話し合えば解決するだろうというのは、希望的観測にすぎない。両者が本音で語り合えば語り合うほど、解決困難となることも十分ありうる。

比較不能な判断をもって複数の国家が対立するとき、起こりうるのは戦争である。第III部では、国家間の戦争をいかにして抑制するかについてのいくつかのアイディアを展望し、それらと立憲主義との理論的関係を検討する。

†人道的介入

前節で述べた国境の意味を考える一つの鍵となるのが、「人道的介入」という概念である。最近の例でいえば、ソマリア、ボスニア、コソボ、そして東チモールにおいて、住民に対する殺戮等の残虐行為をやめさせるために、諸外国は、当該国家の同意を得ないで軍事力をもって介入した。

「介入」であるのは、当該国家の同意を得ることなく「国境」を超えて外国が軍事力を行使するからであり、「人道的」であるのは、その介入が人権侵害の停止を目的としているからである。人によっては軍事力を用いない活動をも「人道的介入」に含めることがあるが、ぎりぎりの選択を迫る問題の所在を端的に示すのは、軍事力が用いられる場合である。

ある社会のなかで民族的・文化的対立が激化し、協働して平和に社会生活の便宜とコストを分かち合おうとする意識が希薄化したとき、最初に試されるべきなのは、自治権の拡大ないし連邦制度の導入である。しかし、多数派によるさまざまなレベルでの長期にわたる抑圧に対抗するため、少数派の一部がテロに訴えることもありえよう。相互に実力が行使され、それがエスカレートしていくこともある。さらには、治安が極度に悪化して、文字どおりの万人の万人に対する闘争が展開することもありうる。共通の公共空間の下でそれぞれの私的生活領域を送ろうとする意識がもはや失われれば、当事者の間に国境を設定することがむしろ適切となる。

旧来の支配勢力は、新たに設定されつつある国境を認めようとせず、なお支配権を確保しようとして殺戮や強制移住・強制収容などの暴力行為に訴えるかもしれない。そのときに、「介入」の適否を判断する外国に要求されるのは、旧来の国境と、新たに設定されるべき国境のいずれをより尊重すべきかである。

国境が、異なる価値観の間に平和を確立するための道具であるという考え方からすれば、尊重されるべき国境がいずれであるかも、その観点から判断されねばならない。また、たとえ、新たな国境の設定の必要性について国際社会で合意がなお成立していない場合においても、暴力的な「民族浄化」が進む状況で旧来の国境を尊重すべき理由は低下するであろう。こうした介入として正当化される典型例の一つは、一九七一年のインドによる東パキスタン――現在のバングラデシュ――に対する軍事介入である。

†「人道」という美名

もちろん、話はそれほど単純ではない。国際社会が、新たな「国境」を認め、新国家の成立を承認することが、旧支配勢力の残虐行為のきっかけとなることもある。ボスニアや東チモールでの事態の推移は、こうした経緯に沿って解釈できる。

新国家の成立を認めようとする他の国家は、場合によっては軍事力をもって介入するという態度をあらかじめ示すことが、要求される。それなくして、新たな国境の設定のみを承認することは、無責任な態度と評価されるであろう。そうした承認にあたっては、新たな国境の設定が真にやむをえない選択なのか、自治権の拡大や連邦制の導入等の、より穏和な方策の可能性はないかを、他国は慎重に検討すべきである。

さらには、軍事的介入のタイミングや手段の選択によっては、介入が当事者間の暴力の応酬を悪化させる危険さえある。コソボ紛争に際してのNATOの空爆を主とする介入は、アルバニア系住民の大規模な国外への追放と、なお残る住民への虐殺を引き起こした。

そして、前々節の末尾で触れた問題と関連するが、尊重されるべき国境がいずれであるかを「判断」するのが誰であるべきかが、多くの場合、決定的な論点となる。そもそも、自国以外の領域における平和の維持に、自国の利益と無関係に熱心な国家が存在するとは、あまり期待しない方がよいであろう。国民の生命や財産の保障は、その国が責任を持つというのが、現在の国際社会のあり方である。

外国人の人権との関連で述べたように、他国人の人権の保障が国内政治で大きな比重を持つことが、そもそも適切なことであるかにも疑義がある。あらゆる人権侵害にあらゆる国家が関心を持つことは、人権の実効的保障に必ずしもつながらない。人権侵害は世界各地でたえず起こっている。介入に必要な資源に限りがある以上、どの侵害に誰が介入すべきかの選択がつねに迫られる。

「人道的介入」という美名の背後に隠れているかもしれない動機についても、警戒を怠るべきではない。可能なかぎり多くの国々の同意を得るために、あるいは、可能なかぎり中立的に見える判断を得るために、国際機関の判断を求めるのも一つの方法であるが、国際機関の主導権を握る大国の個別利益にもとづく談合を回避する完璧な手立てがあるわけでもない。

二〇〇三年の対イラク戦争終結後、戦争開始の根拠とされていた大量破壊兵器が一向に発見されず、さらには大量破壊兵器をイラクが保有していたとの情報自体、根拠が疑問視されるにいたって、当事国である英米首脳は、イラク国内で行われていた系統的な人権侵害が、なおイラク侵攻を正当化するとの議論を提示するようになった。同年七月一七日にアメリカの上下両院合同会議で行った演説で、トニー・ブレア英首相は、大量破壊兵器がテロリストの手に渡ることを未然に防ぐという開戦の論拠の正当性に関して、次のように述べている。

「大量破壊兵器に関するわれわれの前提が」たとえ間違っていたとしても、われわれは少なくとも、非人道的な殺戮と苦難に対して責を負う脅威を打ち倒したことになる。歴史はそれを宥恕するに違いない。

ここでは、もはや「人道的介入」が武力の行使を通じた既存の国家の体制変更をも正当化するとされている。もっとも、これら二国がなぜことさらイラクという特定の国民の人権に関心を抱いたかについて、それもごく最近になって突如として関心を抱くようになったかについて、明確な説明がなされているわけではない。

「人道」という美名は、善悪の対立と関連づけられやすい。国内の政治において、善悪の対立が持ち込まれることがきわめて危険であったように、国際関係に善悪の対立が持ち込まれることにも危険がともなう。「善い国家」と「邪悪な国家」が対立するという図式は、たとえ戦争法規を無視してでも、また、民間人の犠牲を払ってでも、「邪悪な国家」を取り除くべきだとの議論に合流しがちである。この問題についても、第III部で取り扱う。

第Ⅲ部
平和主義は可能か？

フランシスコ・デ・ゴヤ「1808年5月3日」(プラド美術館所蔵)

第7章　ホッブズを読むルソー

†ホッブズにとっての戦争と平和

国家は何のために存在するのか、われわれはなぜ国家に従うべきなのかという問題を深刻に考える人はそれほど多くないかもしれない。しかし、国家がわれわれの生活を支配し、ときにはわれわれの生命や財産を強制的に奪うことを考えれば、この問題は深く考えないですませるわけにはいかない。第6章の冒頭で触れた社会契約論は、われわれはなぜ国家に従うべきなのかという問いに答えようとする試みとして見ることができる。

社会契約論は、社会契約という人々の意思の合致にもとづく人為的構成物として国家を理解する。社会契約以前、少なくとも最初の社会契約以前には、国家は存在しないものと想定されている。それが自然状態である。自然状態で暮らす人々にはさまざまな困難がふりかかる。その困難を解決するために、人々は合意のうえで国家を設立し、国家権力に服従するというわけである。したがって、自然状態で人々が出会う困難をどのようなものと想定するかによって、その困難を解決するための社会契約の内容も、そして国家権力の及ぶべき範囲も変わってくることになる。

トマス・ホッブズの描く社会契約論は、比較不能な価値観の深刻な対立状況から、いかにして平和な社会生活の枠組みを築くかという、彼の目的意識を明確に反映したものであった。

ホッブズによると、自然状態の困難とは、人々が相互不信から各自の自己保存を目指して終わりのない闘争に陥ることである。この万人の万人に対する闘争状況では、労働の成果も確実でないため、人々は耕作も航海も建築もしようとしない。もちろん学芸や社会生活もありえない。あるのは永続する恐怖と死の危険のみである。そこでの生活は、「孤独で貧しく、つらく残忍で短い」(『リヴァイアサン』)。ホッブズによれば、自然状態に生きるアメリカ大陸の先住民は、このような暮らしを送っている。

しばしば誤解されることがあるが、ホッブズは、人間にそもそも悪事を働く性向があるという前提からこうした自然状態像を導いているわけではない。ホッブズにいわせれば、各自の主観的判断を離れて、何が善であり何が悪であるかが客観的に決まっているわけではない。誰もが自分の利益になることは善と考え、自分の利益を害することは悪と考えがちである。このため、放っておけば、誰もが自己保存を基本に据えたうえで、各自の価値観にもとづき、自分が善しとみなすことを行おうとする。

それぞれの立場を離れて客観的に眺めれば、そこで展開されているのは、各人が自己保存を目指して可能なあらゆる行動をとる自然権を行使するという無秩序状態である。人間の本性が悪だからではなく、善悪をそれぞれの人間が独自に判断しようとすることが、万人の万人に対する闘争を招く。

しかし、本当に自己保存が大事なのであれば、死の恐怖が永続する自然状態を脱出する必要がある。そこで、人々は、共通の平和と安全のため、一人の人間（ないし一つの合議体）に、自然状態で持っていたすべての権利を与え、彼の判断を自らの判断として、それに従う。こうして国家という「あの偉大なリヴァイアサン、あるいは可死の神が生成する」。

こうして生み出された国家の命令、つまり主権者の判断に人々が従うのも、それが何らかの道徳的基準に照らして正しいからではない。人々が、主権者の判断を正しいと考えたときにのみ主権者に従うこととすれば、いつまで経っても「万人の万人に対する闘争」は終結しないであろう。

すべての価値判断がそうであるように、主権者の判断も一つの主観的判断にすぎない。それにもかかわらず、彼の判断を社会の共通の判断としてすべての人々が受け入れたとき、はじめて共通の法が生まれ、社会生活のルールが確定し、各自に保障される財産とは何かが決まる。かくして、主権者の権威の下、国内の平和が実現し、人々は生活の安全と文明的な暮らしを保障されることになる。

ロック、ルソー、カントなど、ホッブズにつづく社会契約論者も、自然状態における困難を解決するため、人為的に構成された権威として国家の存在を正当化するという議論の組立ては変わっていない。そして、自然状態における主要な困難として、人々の価値判断の相違にもとづく紛争が想定されている点も共通している。

†自然状態

ところでこうしたホッブズの議論は、本当に国家の権威の正当化に成功しているであろうか。何より国家は、さまざまな考え方を持つ人々による平和な社会生活の実現に成功したといえるであろうか。ジャン－ジャック・ルソーは、この点についていくつかの深刻な疑義を提起している。

ルソーのホッブズに対する批判は、自然状態の性格づけから始まっている。この論点は、彼以前に、すでにモンテスキューが指摘していた。

モンテスキューによれば、自然状態での人間は自分の弱さしか感じないので互いに攻撃し合おうなどとは思わない。現に人に出会った未開人は、まずは逃げ出そうとするものである。ホッブズは、人々が武装して外出したり、鍵で家を戸締りしたりすることをもって、人間が生来、闘争状態にあることとの証拠としているが、これは社会生活が確立された後の人間に生ずることを自然状態の人間に投影しているにすぎない（『法の精神』）。

ルソーも同様に、自然状態では人々は離散して暮らし、相互に関係を持たないので、自己保存のために攻撃し合う必要もないと主張する。「自然状態とはわれわれの自己保存のための配慮が他人の保存にとっても最も害の少ない状態なので、この状態は最も平和に適し、人類に最もふさわしいものであった」（『人間不平等起源論』）。

そして、自然状態では各自が自足して、心安らかに、健康かつ自由に暮らしているはずであり、そうした自然の生活は「悲惨」さとはほど遠い。さらに、人間に生まれつき備わった同類を憐れむ感情も、やはり剝き出しの自己保存欲と相互の攻撃欲とを抑制するはずである。つまり、ロールズのいう「正義の状況」のうち、多くの条件は自然状態には存在しなかったというわけである。

もっとも、この点でのホッブズとルソーの違いを過大に評価すべきではない。ルソーも、人々が交流を始め、土地の耕作が始まり、そこから私有財産制度が生まれるや、人間本来の必要とは無関係な利欲、嫉妬心、競争と対抗意識が生じ、そこから果てしない紛争と恐ろしい無秩序が到来したであろうことを認めているからである。

そして、この悲惨な状態を終わらせるため、とりわけ財産の危険に怯えた富者層のイニシァティヴで、しかしすべての人の安全を保障することを名目としつつ、国家が設立される。国家の利益を感ずるだけの理性を持ち合わせていたが、その危険を見通すだけの経験を積んでいなかった人々は、「誰も彼もが自分の自由を確保するつもりで、自分の鉄鎖へ向かって駆けつけた」(『人間不平等起源論』)。

ホッブズの立場からすれば、彼の関心は最初からルソーのいう果てしない紛争と恐ろしい無秩序状態にあったということになるであろう。

†戦争と戦争状態

ただ、ルソーの批判は、この点にとどまっていない。彼が指摘するのは、そもそも人々の安全の確保を名目に国家が設立されたはずなのに、複数の国家相互の関係がなお自然状態にとどまっているため、国民の間の戦争と殺戮とがはるかに大規模なかたちで生み出されるというきわめて悲惨な現状である。異なる国家同士が、善悪について独自の判断権を行使すれば、いきおい、国家同士は自らの判断する善を実現するために争うことになる。

諸国家が地表をくまなくおおった結果、「自然状態の頃、幾世紀もかかり、地球の全表面にわたって行われたよりももっと多くの殺人がたった一日の戦闘で、またもっと多くの恐怖すべきことがたった一つの都市の占領に際して行われるようになった」(『人間不平等起源論』)。人々がそれぞれの国家に服従するとともに、諸国家が互いに自然状態の関係にある二重状態を過ごすわれわれは、「そのため、両方の不便を味わいながらもなお安全の保障は得られずにいる」(『戦争状態論』)。

社会生活に入ったことで、もともとおとなしく臆病であった人間は、名誉、利欲、偏見、復讐心などの感情にかられ、自然状態で恐れていた危険や死をも顧みなくなる。「人は市民となってはじめて兵士となるのだ」(『戦争状態論』)。

ルソーによれば、国家成立前の自然状態に比べて諸国家の並存が闘争と殺戮を大規模に増幅することには理由がある。自然状態では、人は他人の助けなしに大地の恵みによって自足して生きることができるため、他人のことを気にかける必要がない。また、個人の力や大きさにはおのずと限度があり、満たすべき欲望も無限ではない。

これに対して、国家は社会契約にもとづく人為的な構成物であって、そのため決まった大きさもなく、いくらでも膨脹していくことができるし、周囲により強い国が存在するかぎり、自らを脆弱だと感じる。安全と自己保存のためにはすべての周辺諸国にまさる強国となることが要求される。

人と違って自然の限界のない国家の場合、力の較差は一国が他のすべてを飲み込むまで拡大しうる。国家の規模が純粋に相対的なものであるため、国家はつねに自己を他国と比較せざるをえず、周辺で起こる事態のすべてに関心を向けざるをえない。このため、国家間の関係は常時脅かされかねない危険なものとなる。諸国家の並存状態がおのずと相互の敵対関係をもたらし、いったん実際の戦闘が始まれば、自然状態よりはるかに大規模で際限のない殺戮がもたらされるのもそのためである。

ところで、ルソーは、「戦争」と「戦争状態」とを区別している。後者は現代世界では「冷戦」といわれるものに近い概念で、複数の国家が実際の戦闘行為に入ることなく、敵対的な関係にある状態である。他方、戦争とは、国家が互いにあらゆる手段を用いて相手を破壊し、あるいは少なくとも弱体化させようとの明白な意図のもとにとる実際の行動を指す。いずれも、主体となるのは個人ではなく、国家である。

ルソーの考えでは、自然状態での個人間の関係はたえず変転する流動的なもので、戦争ないし戦争状態という継続的な敵対関係が生まれることはありえない。また、人々が国家に服属する状態では個人間の私闘は禁じられるので、やはり戦争は国家間のそれに限られることになる。

†人民武装

自然状態の困難を解決し、国内の平和を確立することを目的として設立された国家は、当初の目的に反してかえってはるかに大規模な争乱に人々を巻き込むことになったというのがルソーの診断である。では、彼はどのような処方箋を描いたであろうか。彼はいくつかの提案を行っている。

第一の提案は、『ポーランド政府論』に見られるもので、ルソーはここで、常備軍に代えて国民皆兵の民兵を組織するよう提案している。『ポーランド政府論』は、ロシアの支配の軛《くびき》を脱し、政治改革をすすめようとするポーランドの貴族集団のためにルソーが一七七〇年から七一年にかけて執筆した憲法構想である。

当時のポーランドは、ロシアやプロイセンなど、強力な常備軍を持つ大国に囲まれていた。そして、強者の権利がまかり通る国際関係では、自分より強力な国の侵略を防ぐ手立てなど実際上ありえない。かといって、自由な国家であろうとするポーランドにとって、他国以上に強力となってその支配を企てることは、その国制にそぐわない。では、どのような選択肢があるだろうか。

常備軍は周辺諸国を攻撃するか、あるいは自国民を隷属させるためにのみ有用なもので、いずれも自由な国家を目指すポーランドにとって無縁である。自由国家の国土防衛のためには、国民の愛国心を育てるとともに、かつてのローマ、そして当時のスイスと同様、すべての国民に兵役を義務づけるべきである。

ルソーによれば、「すぐれた民兵、訓練の行き届いた民兵のみが、［国土防衛という］目的を達することができる」。地勢上、ポーランドはロシア等の周辺国家の侵攻自体を防止することは不可能であるが、彼らが無傷で撤退するのを困難にすることはできる。そして、それを知った周辺諸国は簡単に侵略しようとはしなくなるはずである。

常備軍を廃止し、訓練を経た民兵をもってこれに代えるべきであるとの提案は、カントの『永遠平和のために』の第三予備条項に受け継がれている。日本国憲法の解釈論としても、第九条が政府による軍備の保持を禁じているにすぎないとの立場をとるならば、ルソーの提案する国民皆兵の民兵組織による国土防衛は、必ずしも憲法の禁ずるところではないとの結論が得られるであろう。もっとも、こうした解釈は人民による武装の権利を暗黙の前提とすることになるであろうが。外国の侵略には武装した人民による群民蜂起の手段をもって対抗すべきであるとの有力な学説の主張も、こうした系譜に位置づけることが可能と思われる。

反面、侵略軍への抵抗にせよ、また国内紛争の過程にせよ（この両者を明確に区別しえないこともしばしばある）、民兵組織の活動が、ときとして、一般市民を巻き込むきわめて悲惨かつ残虐な結末をもたらしうることは、旧ユーゴスラヴィアや東チモールの例を見ても明らかである。正規軍と一般市民、つまり戦闘員と非戦闘員とを区分することで、いったん開始された戦闘をいくらかでも人道的なものへと枠づけようとする試みと、ここでのルソーの提案とは齟齬《そご》をきたすことになる。

戦闘員と非戦闘員の区分も人為的なものである。この区分が行われることで、民間人への戦争被害は最小化され、戦闘員同士の戦闘も、戦争法規に従った、抑制されたものとなる。これに対して、民兵による実力行使（ゲリラ戦ないしパルチザン戦）の特徴は、戦闘員と非戦闘員との区別、そして最前線と後方との区別を、系統的に不分明にする点にある。ゲリラは民間人のなかに潜み、敵の正規兵を奇襲する。敵軍は、無差別に反撃せざるをえず、それはゲリラに対する民衆の支持をさらに強化する。戦争法規を遵守するゲリラ戦は、空想の中でしかありえない。

†国家間同盟

ルソーの第二の提案は、国家間の同盟を通じて平和を達成しようとするものである。自然状態から帰結する無秩序と混乱を解決するために、人々が主権の下に服従する国家が構成されるというのが社会契約論の筋立てであった。そうである以上、国家の並存による戦争および戦争状態を終結させるためには、諸国家が各々その主権を単一の世界政府に移譲することで世界平和を達成するべきだというのが自然に導かれる答えである。

現に、ルソーの同時代人であるサン・ピエール師は、キリスト教国家の総体によって結成されるヨーロッパ大の共和国を構想していた。この構想に対するルソーの応答は、「採用されるにはあまりにも素晴らしすぎる」というものである。各国の主権が一大共和国へと移譲されるこの構想が実現するためには、各国の為政者が自分や自国の利益よりも世界全体の公益を優先させる覚悟が必要であるが、それは望み薄というわけである。

これに代わるものとしてルソーが提案するのは、『エミール』の終わり近くで素描された、各国の主権を維持しながら、しかもあらゆる不正な攻撃者への対抗を可能とするような諸国家の同盟というアイディアである。

このアイディアもその後、カントによって展開されている。彼は『永遠平和のために』において、「啓蒙された強力なある一民族が共和国を形成するならば」、この共和国を中心として各国の自由を保障しつつ、永続的な国際平和を目指す諸国家の同盟を実現しうるとの展望を示している。この「啓蒙された強力な」民族による共和国とは、革命を経たフランスを念頭においたものであり、そこでの「同盟」としてはバーゼル条約が意識されている。カントは、世界国家に対してはルソーよりさらに否定的で、諸国家を飲み込んで成立する世界国家は「魂なき専制」をもたらし、それは結局、無政府状態へと陥るであろうとする。

†社会契約の解消

ルソーはさらに、第三の独創的な提案を行っている。前述したとおり、『戦争状態論』での彼の議論によれば、国家間の対立が大規模な殺戮へといたるのは、生身の人間と違って国家が社会契約にもとづく人為的構成物であり、自然によって与えられた限界を持ち合わせていないからであった。ところが、国家が人為的構成物にすぎないというこの事実が、戦争および戦争状態を瞬時に解決する途をも示すことになる。

ルソーによれば、戦争とは国家間でしか発生しないものである。したがって、それは生身の個人の命を全く奪うことなく、遂行することができる。彼にいわせれば、この世のものはすべて二つの視点から見ることができる。土地は国の領土であると同時に私有地でもある。財産は、ある意味では主権者に属し、別の意味では個々の所有者に帰する。住民は国家の市民であると同時に生身の人間でもある。要するに、国家とは単なる法人——つまり頭のなかの約束事――であり、理性の産物にすぎない。国家が法人にすぎないというこのテーゼも、ルソーがホッブズから引き継いだものである。

社会契約という公的な約束事を取り払ってしまえば、国家はそれを構成している物理的・生物学的要素に何らの変化を加えることもなく消え去るものである。ところで戦争とは主権に対する攻撃であり、社会契約に対する攻撃であるから、社会契約さえ消滅すれば、一人の人間が死ぬこともなく戦争は終結する。

生物学的な人間の生命、物理的な私有財産の保持が肝要なのであれば、そしてそもそも国家という約束事が、こうした人の生命や財産を守るためにとりかわされたものであれば、生命・財産に対する重大な危機をもたらすであろう戦争を回避するために、むしろ国家という約束事を消滅させることが合理的な選択といえる場合もありうるであろう。もちろん、国家の消滅は国民の生命・財産に対する公的庇護者の消滅を意味する以上、それにともなうリスクも含んでいる。戦争のもたらすリスクとの慎重な衡量が必要となるはずである。

†「市民ルソー」対「合理的計算人ルソー」

一見したところ、人命や財産を保全するために社会契約の解消を選べというルソーと、国民すべての愛国心を涵養し、パルチザン戦の遂行によって侵略軍に打撃なしの撤退を許すなと訴えるルソーとを和解させることは困難であるかに見える。

祖国への愛と義務を説くルソーの背後には、国家はそもそも一定の目的のために構成された法人にすぎないという突き放した見方をするもう一人のルソーがいたと考えるべきであろう。当初の目的の達成にとって法人の存在自体が障害となるとき、法人はその存在意義を失う。いざとなれば社会契約を破棄し、国家を消滅させることで人命と財産の保全を優先すべきであるとのルソーの提言は、それとして筋の通ったもののように思われる。

こうしたルソーの考え方からすれば、「国家の自衛権」なる観念がいかに不条理なものであるかが理解できる。人命や財産の保全を離れて、人為的構成物たる国家そのものに自衛権を認めるという発想は、ルソーとは縁遠いものである。

二〇世紀は、核兵器を典型とする大量破壊兵器（weapons of mass destruction：WMD）の世紀であった。「自然状態の頃、幾世紀もかかり、地球の全表面にわたって行われたよりももっと多くの殺人がたった一日の戦闘で、またもっと多くの恐怖すべきことがたった」の一瞬で行われるようになった。そこでは、社会契約の解消というルソーの提案がより現実味を帯びてくる。しかもこの提案は、階級対立の解消による「国家の死滅」というマルクス主義の主張とも容易に合唱しうる。

そうした時代に、日本国憲法の文言をことばどおりに受け取る「非武装中立平和」というアイディアが多くの人々の心をとらえたのは、不思議なことではない。問題は、そうした提言がもたらすマイナスの側面をいかに評価するか、そして、それが立憲主義というプロジェクトとどのような関係に立つかである。

第8章 平和主義と立憲主義

前章では、社会契約論の系譜に即して、国家の設立による平和な社会生活の実現というプロジェクトの直面する困難と、それを解決するいくつかのアイディアを瞥見《べっけん》した。

根本的に異なる価値観を抱く人々が平和に共存し、社会生活の便益とコストを公平に分かち合う枠組みを作るため、立憲主義にもとづく近代国家が成立する。しかし、そうした国家相互間には、価値観の相違を解決するより上位の権威は存在しない。このため、異なる政治的判断を下す国家が対峙し闘争が発生したとき、その結果は、社会内部で人々が争う場合よりはるかに悲惨となりうる。本章ではこの同じ問題を、思想史を離れて、より分析的に検討する。その鍵となるのは、「平和主義」という概念である。

平和主義ということばはさまざまな意味で用いられるが、ここではこのことばを広い意味で用いる。つまり、あらゆる戦争はたとえその開始の理由が正当なものであるとしてもなお悪であって、その発生をできるかぎり抑制すべきであり、できればこの世から一切なくすべきだという考え方として用いる。したがって、政府が実力をもって国民の生命・財産を防衛する行動をとることはいかなる場合にも決して許されないという絶対平和主義に限定して「平和主義」ということばを用いるわけではない。

本章の議論の主要なテーマの一つは、こうした絶対平和主義と立憲主義の間にひそむ深刻な緊張関係を明らかにすることである。

もう一つのさしあたりの注意をお願いすると、これから展開するのは、平和主義と立憲主義の関係にかかわる原理的な問題状況に関する議論であって、具体的なあれこれの問題——たとえば、対イラク戦争後の復興のために自衛隊を派遣することが善いか悪いかといった問題——に対する答えを与えることではない。鶏を割くために牛刀を用いる必要はない。そうした具体的問題については、多くの論者がテレビや新聞を通じて日々回答を与えている。

本章以下の分析は、そうしたさまざまな回答が暗黙のうちに前提している国家観念は何か、そうした観念が国家のそもそもの役割と対応した、筋の通ったものといえるか否かを測定するための物差しとしては役立つかもしれないが、それ以上のものではない。

1　なぜ、そしてどこまで国家に従うべきなのか

†「権威」に関するラズのテーゼ

平和主義にかかわる問題は、憲法学上の問題の多くがそうであるように、なぜ、そしてどこまで国家に従うべきなのかという問題とかかわっている。何をなし、何をなさざるべきかに関する判断の主体は、本来は個々の人間のはずである。ところが、国家は、人々に対して、各自の独自の判断ではなく、国家の判断に従って行動するよう要求する。つまり、国家は権威（authority）であると主張する。

もし、国家の存在が正当化できるのであれば、それは権威が一般的に正当化される仕方で国家の権威も正当化できるからであろう。オクスフォード大学のジョゼフ・ラズ教授は、なぜ権威に従うべきかについて、それは、個人が各自でいかに行動すべきかを判断するよりも権威の指示に従った方が、本来とるべき行動をよりよくとりうる蓋然性が高いからであるというテーゼを提示している。

一般に、権威と呼ばれる存在がこのような性格を備えていることは、注意深く観察すれば、さしたる異論なく承認されうるであろう。英会話の教師の指示どおりに表現し、発音すべきなのは、教師の指示に従うことで、生徒が独自に調査し練習するよりも効率的に正しい英会話を習得することができるからであり、しかも生徒には、教師の指示だから従うという理由以前に、正しい英会話を習得すべき独立の理由がもともとあるから——たとえばイギリスに留学しなければならない、会社の新しい上司が英語しかしゃべることができない等——である。

国家が典型的な権威の一種である以上、もし国家に従うべき正当な理由があるとすれば、やはり国家の指示に従うことによって人々が本来とるべき行動をよりよくとることができるという事情があるはずである。そのような事情として、しばしば指摘されるのが、調整問題状況と囚人のディレンマ状況である。いずれも、個々人の判断に任せるわけにはゆかず、社会全体としての統一した結論が要求される典型的な問題状況である。

†調整問題

調整問題状況とは、大多数の人がとるような行動にあわせて自分も行動しようと大多数の人が考える状況のことである。道路の交通規則からはじまって手形の振出し方や国会議

A＼B	左	右
左	1,1	0,0
右	0,0	1,1

図1　調整問題状況

員の任期にいたるまで、世の中には、一定の範囲内ではどう決まってもさして変わりはないが、とにかくどれかに決まっていてくれなければ困ることがらがたくさんある。

調整問題状況では、各当事者は複数の選択肢に直面する。各当事者の利得は、他の当事者がどれを選択するかにも依存しており、当事者は互いに他の当事者の選択をコントロールできない。当事者が満足するのは、すべての当事者が一致してある選択を行った場合であるが、そのような選択は一通りに限られていないため、各当事者は、いずれも他の当事者の出方を予想しながら、各自の行動を調整しようとする。

図1は、典型的な調整問題状況のマトリックスである。二人の当事者がそれぞれ二つの選択肢に直面しており、図の各ボックスが二人の選択の組合せを示す。各ボックスの左側の数字が横行の選択者（A）の利得を、右側の数字が縦行の選択者（B）の利得を示す。

たとえば、道路で出会った二台の車を考えよう。AもBも、自分から見て右側にハンドルを切れば、両者とも無事にすれ違うことができる。両者とも左にハンドルを切っても同様である。しかし、AもBも、相手がどちらにハンドルを切るかを確実に予測できない。

うまく予測できなければ、事故が起こって両者とも損失を被る。

道路の交通規則のようなある種の調整問題は、反復・継続して発生する。このような状況は、社会生活のなかで自然に生ずる慣習によっても、また何らかの権威に従うことによっても解決できる。この種の問題状況に直面した人々は、いずれかの選択肢を指定する慣習や法令に一致して従うことに、全員が利益を見出すことになる。

†囚人のディレンマ

調整問題状況においては、いったん慣習や法令によって一定の選択肢が指示されれば、それに一致して従うことがすべての人の利益にかなう。各自の利益の最大化を目指す行動が同時に社会全体の利益にかなう行動でもある。これに対して、囚人のディレンマ状況においては、各当事者がそれぞれ独立に、各自にとって最善の利益を目指して行動すると、かえって全体として最善の結果に到達することができない。

図2は、囚人のディレンマ状況を示すマトリックスである。ここでは、二つのトーチカをそれぞれ守備する二人の兵士が直

	C	D
C	2,2	0,3
D	3,0	1,1

図2　囚人のディレンマ状況

面する選択肢を例にとる。Cは協力してトーチカを守備し、敵襲に反撃する選択、Dは仲間を裏切ってトーチカを捨て逃走する選択である。二人が協力して反撃すると、軽傷は負うかもしれないが、敵襲を撃退することができる。二人がともに逃走すると、二人とも敵の捕虜となる。他方、一人が反撃しているうちに他の一人が逃走すると、逃走者は無傷で生きのび、人のよい兵士は戦死する。

全体としては、二人ともに協力するという選択の組合せが最善のはずである。しかし、相手が反撃をつづけるとすれば、自分個人としては逃げることで最善の利得（3）を得ることができるし、相手が逃走するのであれば、やはり自分としても逃走しなければ割があわない。したがって、相手がいずれを選択したとしても、相手を裏切ることが合理的な選択だということになる。ところが、その結果、全体として見れば最悪の結果、つまり双方が逃走して敵の捕虜になるという結果が導かれる。

典型的な囚人のディレンマをもたらす問題として、公共財の供給がしばしば指摘される。第5章で説明したように、警察、消防、防衛などの公共財は、通常の私的な財と異なり、消費について排除性・競合性が働かないため、市場においてこれらのサービスを対価と引換えに供給しようとしても、そのサービスの利益は対価を支払わない人々にも一般的に及ぶ。そのため、自己の効用の最大化を目指す「合理的」な個人はいずれも、他人の費用負担にただ乗りしようとするはずである。

しかし、すべての人がこのような行動をとれば、公共財を対価に応じて提供する事業は立ち行かなくなり、結局、市場を通じて公共財が供給されることはなくなる。その結果、誰もその公共財を適切に入手することができなくなり、すべての人が不利益を被る。

このような、多数の人の私的なイニシァティヴにつきまとう社会的協調の困難を解決するためには、国家を通じて公共財を供給することが適切だとされる。供給の費用は、すべての人から公平かつ強制的に徴収され、供給の範囲や量は、民主的な手続を経て決定される。

調整問題の場合も、囚人のディレンマの場合も、各自が独自に判断しないで国家の指示に従った方が、問題を適切に解決することができる。

以上のような、国家の権威に関する通常の正当化の議論がかりに妥当であるとすると、国家の権威の射程はそもそも限定されていることになる。つまり、国家に権威が認められる根拠が、調整問題状況や囚人のディレンマ状況など、個々人の行動に任せておいたのでは適切に解決できず、社会全体として統一した結論を必要とする問題状況を適切に解決する点にあるのであれば、もし別の権威がより適切にこれらの問題を解決する場合には、人々は政府よりもその別の権威に従うべきこととなる。

たとえば、社会生活のなかで自然に成立した慣習や、国際的な機関あるいは宗教的権威の指示が各国政府よりも適切に当該社会の調整問題状況や囚人のディレンマ状況を解決するのであれば、その社会の人々は政府ではなく、それら他の権威の指示に従うべきである。国家の権威、つまり主権は必ずしも絶対でも最高でもない。

†ホッブズと国家の正当化

このような国家の権威の正当化は、はたして、そしてどこまで成功しているであろうか。国家が果たすとされる二つの役割のうち、決定的になるのは囚人のディレンマ状況の解決である。

調整問題状況の解決は、強制力を持つ権威の存在を必要としない。調整問題状況でいったん特定の選択が大多数の人々によってなされれば、それは強制によることなく安定する。強制力を持つ政府の権威を要請するのは、囚人のディレンマ状況の解決の方である。

図2でいえば、当事者が協力しあう〔C、C〕の組合せは、当事者の利害からいえば安定していない。相手を裏切って自分だけが大きな利得を得ようとするインセンティヴを抑制しようとすれば、国家は裏切りに対して適切な制裁を加えるなど、何らかの強制力を発動する必要がある。

ホッブズの社会契約論は、自然状態を囚人のディレンマ状況と見立てたうえで、強制力を持つ国家の設立を正当化した議論として広く受け入れられている。第7章（一一三頁）で簡単に触れた彼の議論は、以下のように図式化して示すことができる。

自然状態では人々は自己保存を目指して可能なあらゆる行動をとる自然権を持つ。本当は、お互いにこの自然権の行使を制限しあって、平和に暮らすことがすべての人の利益にかなうはずであるが、自分だけが自然権の行使を制限し他の人に裏切られることを警戒して、誰もすすんでこのような協力をしようとはしない。剣をともなわぬ契約は単なることばにすぎないからである。このため、万人の万人に対する争いがつづくことになる。

図2でいえば、協力しあって平和な社会を作る選択の組合せが〔C、C〕であり、万人の万人に対する戦争状態が〔D、D〕である。一部の人間だけが協力を選ぶと、裏切った人間の支配下に屈従して、戦争状態よりもさらに悲惨な生活（あるいは死）を迎えることになる。囚人のディレンマ状況であるため、各人が合理的であれば、戦争状態が安定した状態となる。

ホッブズによれば、このみじめな状況からの脱出は、自然状態に暮らす人々が死への恐怖から、平和を求めて「すべての者が自己の意思をある者の意思に従わせ、その判断を彼の判断に従わせる」ことによって得られる。こうして国家が成立し、その権威に人々は服従する。主権者の強制力と威嚇とによってはじめて人々は平和を享受し、生産力は増大し、文明は発展する。

†ゴーティエの問題提起

ホッブズは、国内の平和という公共財を供給するために、強制力を持つ国家の権威が必要であると主張する。ホッブズの議論が基本的に妥当であるとすると、自然状態で人々が直面する問題をより拡大（縮小）することで、それを解決するために必要な権威の役割、つまり種々の正当な国家権力の範囲を導くことができる。

自然状態の問題が、人々が真の宗教の確立を求めて血みどろの闘争をつづける点にあると考えるならば、政府の役割は国内の平和を確立するとともに、社会全体の利益を理性的に討議・決定する公共空間を設定し、理性的な討議になじまない宗教を私的空間に封じ込めることに求められるであろう。他方、自然状態の問題点を、各人の固有の所有権の保障に求めるロックの考え方からすれば、政府の権威と役割も、その範囲内にとどめられることになる。

問題は、ホッブズの提示した議論がはたして基本的に妥当といえるか否かである。ここでは、ホッブズの議論に対する批判として、現代の政治理論家であるデイヴィッド・ゴーティエの議論をとりあげることにしよう。

彼によれば、われわれは囚人のディレンマ状況を、強制的なメカニズムによらなくとも解決することができる。なぜなら、人が充分慎重に各自の利害を検討すれば、ホッブズの描く自然状態の人々のように単純に自己の効用の最大化を求めようとするよりも、むしろお互いに協力しあうようつとめることが、すべての人の利益にかなうことが判明するからである。

ゴーティエは、囚人のディレンマ状況に直面する人々がとりうる二通りの対応の仕方を区別する。「単純な最大化追求者（straightforward maximizer）」は、相手方の戦略からただちに導かれる自己の最大の効用を単純に追求しようとする。これに対して、「慎みのある最大化追求者（constrained maximizer）」は、他者も協力するのであれば、彼（女）自身にとって利益になり、かつ公正でもあると考えられる帰結を生み出すよう協力することを惜しまない。囚人のディレンマ状況では、単純な最大化追求者は、他者が協力するか裏切るかにかかわらず裏切るが、慎みのある最大化追求者は、他者が協力するかぎりでは協力する。

さて、囚人のディレンマ状況に直面した場合、私は合理的主体として、いずれの対応の仕方をとるべきであろうか。一見したところ、ホッブズが想定したとおり、単純な最大化を追求すべきように思われる。

しかし、私が単純な最大化を追求してつねに裏切りつづけるならば、他者もそうするであろうから、私はつねに双方が裏切る場合〔D、D〕の惨めな利得しか得られない。これに対して、私が慎みのある最大化を追求し、他者が協力するかぎりで協力するならば、他者がやはり慎みのある最大化を追求する確率に応じて、双方が協力する場合〔C、C〕の利得を獲得することができる。したがって、期待利得の最大化を目指そうとするならば、私は慎みのある最大化を追求すべきことになる。

かくして、ゴーティエの議論によれば、あらゆる囚人のディレンマ状況は不思議にも、各人が、他者が協力するかぎりで協力し、他者が裏切るかぎりで裏切るべきだという、単純な調整問題状況に変換される。調整問題状況である以上は、その解決に強制力は不必要である。しかも、この調整問題状況においては、全員が協力するという選択の組合せが、全員が裏切るという選択の組合せに比べてパレート優位にあるため（つまり、すべての人が協力することで、すべての人が裏切るよりも利得は改善されるため）、全員が協力するという組合せが自然に得られ、しかもそれは安定する。

つまり、囚人のディレンマ状況を解決するために、強制力を備えた政府を設立する必要はそもそもなかったのであり、そうである以上、政府の権威に従うべき理由もない。強制力を持つ政府がなくとも、自然状態は、自然と地上の平和へといたる。同じことは他の公共財についてもあてはまるはずである。

正当な政府がそもそも存在せず、政府の指示に従うべき理由もないのであれば、国家間の平和をいかに実現するかという問題も蒸発する。そして、憲法学や国際法学、さらにはほとんどの実定法学の存在意義も雲散霧消することになる。

留意しなければならないのは、このゴーティエの解決が妥当するためには、すべての当事者が相手の裏切りには裏切りで報復するという、いわゆる「やられたらやり返す（Tit-for-Tat）」戦略をとることが前提となっていることである。すべての当事者がこの戦略をとることで公共財の供給を維持するというモデルは、村上淳一教授によって描かれた、各構成員の「正当な実力行使 Fehde」によって維持された中世ヨーロッパ封建社会の法共同体、およびその拡張形態としてのカントの永久平和の構想とも対応している。

†チキン・ゲーム

ゴーティエの議論は、政府の権威の正当性を決定的に掘りくずすといえるであろうか。必ずしもそうではない。

第一に、四人のディレンマ状況に置かれた当事者が、はたして他者が協力しようとするか否かを的確に知ることができるかが問題となる。他者が、羊の皮をかぶった狼であれば、相手の協力的な姿勢にだまされて、裏切りにあう危険がある。お互いの意図が不明で疑心暗鬼の状態では、安定的な平和を実現することは難しいであろう。イスラエルとパレスチナの関係、北アイルランドにおけるカトリックとプロテスタントの関係など、相互の信頼関係が欠けているために紛争が長期化する例は多い。

もう一つの問題は、より原理的である。少なからざる人々は、自然状態を囚人のディレンマ状況ではなく、次に述べるようにチキン・ゲームと見立てる可能性がある。

日本の憲法学界の支配的見解によれば、日本国憲法は、政府がいかなる軍隊をも保持することを禁じている。この見解の単純明快で最も強力な根拠は、「陸海空軍その他の戦力は、これを保持しない」とする憲法第九条の文面にある。そうである以上、この見解の射程はこのテクストを持つ日本一国にかぎられるはずである。

ただ、日本の憲法学者は、法律学者が通常そうであるように、必ずしも、つねに剛直な法実証主義者として法文の一字一句に忠実な解釈を行うわけではない。国は、「いかなる宗教的活動もしてはならない」とする憲法第二〇条にもかかわらず、宗教とかかわる一切の国家活動が禁じられるわけではない。また、「一切の表現の自由」を保障する憲法二一条の文言にもかかわらず、わいせつ表現や名誉毀損を処罰しても憲法には違反しないと解釈するというのが判例・通説の立場である。第九条の文言を文字どおりに理解しようとする支配的見解の態度の背景には、それに対応する実質的な根拠が条文の外側にあると思われる。

支配的見解の背景となる実質的考慮としては、いくつかの候補がある。一つの可能な実質的論拠は、外敵からの攻撃に対して人的・物的組織体で対抗することは、攻撃に実力で抵抗することなく屈伏するより悪い結果を招くとの想定である。このような考え方が背景に控えているとすると、支配的見解の射程は、日本のみにはとどまらない。

歴史をさかのぼって考えると、外敵への屈従によってむしろ以前より国民の福祉が向上したと解釈しうる事例さえあるが（九一頁で触れた「名誉革命」といわれるオランダ侵攻軍へのイングランドの屈従が典型例である）、外敵への屈従によってたとえ福祉が向上しないままでも、実力で抵抗するよりはまだましだという判断もありうる。国家間の関係をチキン・ゲームと見る人々は、この種の想定を行っている。

チキン・ゲームとは、もともとは、二人の命知らずの若者が、それぞれ自動車を全速力で、そのままでは正面衝突するよう、対抗方向から走らせるゲームである。命が惜しくて一方がコースから外れると、弱虫（chicken）とあざけられ、相手方は勇者と讃えられる。しかし、両方がそのまま突っ込めば二人とも命を落とすことになる。対立する核保有国が、

	C	D
C	2,2	1,3
D	3,1	0,0

図3　チキン・ゲーム状況

それぞれ自己のイデオロギー的正当性を主張しあって、相互を核攻撃すれば最悪の結果を招くというシナリオと同じタイプのものである。

図3は、チキン・ゲームのマトリックスを示している。もし、敵の攻撃にこちらも反撃すれば、双方が死滅する。もし、敵の攻撃に対して屈伏すれば、双方が攻撃を控える場合に比べて利得は減少するが、それでも、少なくとも生き残ることはできる。したがって、国家間の関係をチキン・ゲームと見立てる国からすれば、さしたる防衛力も持たず、外敵からの攻撃が予想されれば進んで降伏するという選択が合理的となる。第7章で述べたオプションでいえば、ルソーのいう社会契約の解消という選択肢が、これにあたる。

†「戦争」＝「地獄」理論

このように国家と国家の関係をチキン・ゲームとして見る見解の背後には、その暗黙の前提となる戦争観があると推測される。それは、戦争は「地獄」、それも「際限のない地獄」だという考え方である。

この考え方（'War is Hell' doctrine）を明確に定式化した政治哲学者のマイケル・ウォルツァーの描写によれば、戦争は「際限のない地獄」なのであるから、結果についての責任はすべて「地獄」を開始した側、つまり侵略国が負うことになるし、可及的すみやかに「地獄」を終結させるためには、「正戦」の遂行者はいかなる手段でも用いることができるし、用いるべきでもある。したがって、戦争遂行を規制する戦争法規（jus in bello）を遵守すべき理由は薄弱となる。このような戦争観から導かれる一つの立場は、「地獄」にかかわりたくなければ非戦・非武装を貫くしかないというものであろう。

ウォルツァーが指摘するように、こうした戦争観と似た考え方は、中国の古典である『墨子』（非儒篇）のなかにすでに現れている。『墨子』の議論を適宜再構成すると、以下のようになる。正しい国同士であれば、戦争は起こるはずがない。正しい国と邪悪な国が争うのであれば、正しい国は戦争のルールなどにはとらわれず、徹底的に悪を滅ぼすべきである。また、邪悪な国同士が争うのであれば、ルールに従ったからといって、正しい戦争になるわけではない。いずれにしても、戦争が始まった以上はルールにのっとるか否かは問題にする必要がないということになる。

こうした議論の前提にあるのは、戦争では少なくとも一方は邪悪な国なのであって、悪を滅ぼすためにはルールに構ってはいられないという考え方である。異なる国は、それぞれの立場から異なる政治的判断を下すことがありえるし、そのとき、いずれがより正しいかを判別する共通の物差しは存在しないかもしれないという考慮は、そこには見られない。

†日本における受容

このような戦争観は、戦後の日本において広く受容されているように見える。太平洋戦争末期におけるアメリカ軍の都市部への大規模な空爆、そしてさらには広島、長崎への核兵器の投下は、戦闘員と非戦闘員の区別という戦争法規の基本原則を系統的に軽視したものであり、まさに「地獄」としての戦争を現出した。民間人を無差別に攻撃することで敵の戦意を喪失させようとする点で、こうした都市部への空爆は軍事行動というよりはむしろ大規模なテロリズムというべきものである。

しかし、この点について日本政府を非難しこそすれ、ルールを無視したアメリカ軍およびアメリカ政府の行動を非難する声は日本では強くなかった。戦争とはそうしたものであって、それを始めた側にすべての責任はあるという前提からすれば、それも自然な反応である(他方、アメリカ側の説明は、原爆投下によって、日米双方とも、より少ない犠牲で目指すべき目標である日本の無条件降伏が達成できたという、剝き出しの功利主義である)。

また、丸山真男に代表されるように、冷戦下において発生しうる戦争は核戦争かパルチザン戦かのいずれかである蓋然性が高いという予想からすれば、やはり戦争法規を遵守する戦争を期待することは非現実的であって、「際限ない地獄」である戦争に何としても巻き込まれることを回避しようとする行動が合理的となる。核戦争と同様、パルチザン戦も、戦闘員と非戦闘員の区別が不分明となり、区別なく犠牲となる戦争の典型である。少なくとも、パルチザンの側は、意図的にこの区別をあいまいにすることによって、戦力的に優位にある相手方の正規兵に戦いを挑もうとする。

平和に畑を耕す農民たちが、突如として鋤や鍬を捨てて機関銃を手にとり、気を許して行進する占領軍の隊列を奇襲するというのが、パルチザン戦の典型的な姿である。安全な後方であるはずがただちに生死をかけた最前線に転換する。報復心と猜疑心にかられる占領軍にとって、パルチザンとそれを支持する民間人との間に確たる区別はありえない。パルチザンの側が戦闘員と非戦闘員の区別を否定しようとするとき、なぜ占領軍の側がこの区別にこだわらなければならないだろうか。パルチザンの狙い（の一つ）は、敵の側が戦争法規を遵守することを不可能にすることにある。そして、その責は一方的に占領軍の側に帰せられる。

ヴェトナム戦争下でのミライ（My Lai）村虐殺の責任者とされたウィリアム・ケイリー中尉は、訓練中、どのような敵と遭遇することを警告されたかという軍事法廷での質問に答えて、次のようにいう。

誰が敵かに関する正確な指示はありませんでした。むしろ、あらゆる者を疑え、誰もが敵かも知れず、男も女も同様に危険であり、また子どもには疑いをかけにくいために、子どもはさらに危険であると指示されました。

こうして起こる民間人に対する残虐行為や収容所への強制移動措置は、パルチザンへの参加者と支持者をますます増やしていく。ゲリラ戦は自然と「人民戦争」へと転化し、そこでは「際限のない地獄」は、それ自体の生み出すエネルギーで自動的に回転する。

†より強い者の権利

しかしながら、「チキン」となることが合理的だと考える国家が存在すると、この種の国家の存在自体が、侵略者の存在を合理的にする危険がある。図3からわかるように、もし、相手国が「チキン」であることを的確に認識することができるならば、その周辺国家は、容易に自己の利得を向上させることができる。第二次大戦後の歴史を見ても、朝鮮戦争やフォークランド紛争のように、ある地域を実力で防衛する意思がないという誤ったシグナルを相手方に送ることで戦争が引き起こされた例を挙げることは容易である。徹底した平和主義は、その意図せざる効果として、国家間の関係を不安定にする。そして、国家間の関係は、第7章でも描いたように自然状態の一類型であり、以上の議論は、自然状態一般に拡張できる。

自然状態一般においても、もし国家の強制装置が存在しなければ、裏切り行為を行う人々を黙って見過ごし、屈従する人々は少なからず存在するであろう。そして、その種の人々の存在自体が、裏切り行為を合理的にする。ルソーのいう「より強い者の権利」(『社会契約論』)がまかりとおることとなる。

こうした分析からすれば、われわれが政府を必要とするのは、自然状態が囚人のディレンマ状況だからではなく、実際にはそれが囚人のディレンマ状況であるにもかかわらず、それをチキン・ゲームとみなす人々がいるからである。政府は、裏切り行為を黙って見過ごす「チキン」になりがちな人々を強制して、協働して裏切り行為に対処させるためにこそ、必要だということになる。

通りがかりでたまたま犯罪行為を見かけたとしても、自分で犯人をつかまえて被害者の原状を回復してあげようと努力する人は、さほど多くはない。そうした行動をとることは、多くの人々にとって非合理的である。しかし、だからといって犯罪を野放しにはできない。

「チキン」として行動する一般人からは税金を強制的に徴収してコストを負担させ、実力装置としての警察を整備するというのが、全体としては合理的な選択となる。

2 国家のために死ぬことの意味と無意味

†集団安全保障

弱腰のチキン国家が存在するため、ゴーティエの議論に沿って国家間の平和を確保することは困難となる。前述したように、ゴーティエの議論が成り立つためには、相手が裏切ったならば、自分も同様に裏切る（つまり、侵略されれば自衛のために反撃する）という選択を、すべての国家が行うことが要求されるからである。チキン国家の存在にもかかわらず、国家間の平和を確保するためには、どのような方策が考えられるであろうか。

第二次大戦後、主に採用されてきた方策は、弱腰の国家を集団安全保障の枠組みに力ずくで組み入れることで、彼らも他国の侵略に反撃するよう強制することである。第7章で見たルソーの提案でいえば、第二の国家間の連合の提案に相当する。そこで触れたカントの構想でいえば、当時の共和国フランスにあたるのは、現在ではアメリカ合衆国ということになる。

アメリカが、現在、他国のおよびもつかない軍事力を備えていることは誰もが認めるところであるが、そのアメリカも、国際社会における行動の正統性を保つには、できるかぎり多くの国々の支持を得る必要がある。また、国際テロリズムへの対処のように、軍事力を通じた外科的処置と並んで、テロリストを生み出す温床となっている国家や社会における経済発展、所得の公平な配分や近代的教育の普及などの内科的療法を要する問題状況に対処するにも、一国行動主義は得策ではなく、多国間の協力体制を築くことは、アメリカにとっての利益でもある。

この方策は、一見したところ自然な結論のように見える。これは、国内の平和をいかに実現するかについての方策（政府の設立によって弱腰の人々を、無法者に対して協働して反撃するよう強制する方策）を、国家間の関係にそのまま拡張して国際平和を実現する手段のように見えるからである。

こうした防衛力を備えた国家間の連合という方策が、冷戦下においてしばしば見られたように、ときに当該国家の民衆の利益を充分に代表しない抑圧的な体制を、国際安全保障の名のもとに擁護したことも確かである。しかしながら、たとえ、こうしたそもそもの目的に反する濫用的運用がなされないとしても、この方策については、二つの困難を指摘することができる。一つは実際的なものであり、いま一つは原理的なものである。

†軍事力による防衛の実際的困難

実際的な困難は、民主的政治過程が、防衛問題について合理的な審議と決定をなしうるか否かにかかわっている。公共財の供給に関する民主的な決定が、社会全体の利益にかなうものであるためには、第一に、有権者やその代表が、各自の私的利益ではなく、社会全体の利益を念頭において審議・決定に参加する必要がある。第二に、有権者やその代表は、必要な情報をすべて正確に知り、冷静かつ合理的に社会全体の利益を計算したうえで、採決に加わるべきである。第三に、採決の結果は、政府諸機関により、忠実にスムーズに執行されねばならない。

これらの条件が、防衛サービスの提供に関して、充分に満足されているだろうか。もちろん、完璧な満足を要求するのは非現実的である。理想的とはいえない政治過程であっても、とくに大きな問題がなく民主的な決定が行われるのであれば、われわれは、次善の解決として、その決定に従うべきであろう。しかし、こと防衛問題に関しては、民主的政治過程の欠陥はあまりにも大きく、適切な結論が得られる蓋然性は高くないという見方も充分に成り立つ。

第一に、有権者は、そしてその代表でさえも、防衛に関する情報を多くは知らされないことが通常である。防衛に関する情報をすべて公開すれば、国の安全を損なうのは確かである。第二次大戦末期、連合軍がナチス占領下のフランスに反攻するにあたって、ノルマンディーに上陸すべきか、それともカレーにか、それもいつそうすべきかについて、民主的に討議すべきだったと考える人は多くはないであろう。

しかし、与えられる情報が限定されるならば、有権者および議会が軍事問題について的確な判断を下す能力も限定される。一九六四年八月、アメリカがヴェトナム戦争への本格介入を行う契機とされたトンキン湾事件（公海上を航行するアメリカの駆逐艦マドックスが北ヴェトナム海軍から不意打ち（unprovoked attack）を受けたとされる事件。実際には、駆逐艦は北ヴェトナムの領海内で沿岸施設への攻撃作戦に従事していた。少なくとも八月四日に起こったとされる二度目の駆逐艦への攻撃（第二次トンキン湾事件）はアメリカ側の捏造であったとされる）は、軍事行動にあたって政府が議会や世論をミスリードする危険を明確に示している。二〇〇三年の対イラク戦争の開始前、アメリカ・イギリス両政府が開戦を正当化するため、イラクの軍事力、とくにいわゆる大量破壊兵器に関してその脅威を誇張する情報を意図的に流布したのではないかとの疑惑があったことはなお記憶に新しい。

第二に、防衛サービスに携わる政府諸機関が、はたして社会全体の利益を念頭において政策の立案や執行にあたるかという疑いがある。防衛組織は、いったん成立すると、自己の組織の人員・予算の最大化や受注先ないし天下り先の利潤最大化を目指して、公開する情報の範囲や有権者に提示する選択肢の幅を操作する危険がある。

また、実際に防衛サービスが切実に必要となった危機的場面において、サービスを供給するはずの人々が本当に防衛サービスを真摯に提供する保証はやはりない。危機的場面になれば、誰しも自分の命が惜しくて、それに応じた行動をとるのが自然であろう。

第三に、国の安全に関する決定は、誤りを犯した場合、人命・財産等に関して莫大な犠牲を国民全体に課する。正確な情報や冷静な計算能力を欠いた有権者やその代表が、一時の民族感情や根拠のない幻想につき動かされて決定を行う場合にその危険が大きい。民主政は政府の政策決定の正統性を高めるため、他の政治システムに比べてより多くの人員・物量の処分が可能となる。とくに徴兵制がとられている場合には、コストの低廉な人員を政府は大量に「消費」することができる。独裁国家より民主国家の方が戦争を行うことは困難となるはずだという考え方は単なる希望的観測にすぎない。

第四に、以上のような問題が解決され、国内の民主的政治過程が理想的に機能したとしてもなお問題は残る。中央集権的な権威が存在しない自然状態特有の囚人のディレンマ状況は、国際平和を実現する途上にも立ちはだかるからである。国際社会全体としては、軍備を削減し戦争の危険を少なくすることが、すべての国家の利益にかなうはずであるが、各国政府は、他国が軍備を拡張し自国のみが弱い立場に置かれることを警戒して、軍拡競争に走る危険がある。

†合理的自己拘束

以上のような、国内の政治過程が非合理な決定を行う危険、そして個々の国家にとって合理的な行動が国際社会全体としては非合理な軍拡競争をもたらす危険に対処するためには、各国が、憲法によりそのときどきの政治的多数派によっては容易に動かしえない政策決定の枠を設定し、そのことを対外的にも表明することが、合理的な対処の方法といえる。憲法第九条による軍備の制限も、このような合理的な自己拘束の一種と見ることが可能である。

トロイアでの戦いを終えた英雄オデュッセウスは、魔女セイレンの美しい歌声に惑わされることなく、故国イタケーへの船旅をつづけるため、部下たちの耳を蜜蠟でふさいだうえで、部下に命じて自分を帆柱に縛りつけさせ、しかも、万一自分が縄を解いてくれと合図でもしたら、ますます一層強く締め上げるようにと命ずる。こうすることで、オデュッセウスはセイレンの歌声を楽しみつつも、それに惑わされることもなく無事に旅をつづけることができた。

民主主義国家にとって憲法が持つ合理的自己拘束としての意味は、このオデュッセウスの寓話にわかりやすく示されている。日本国憲法第九条も、こうした意味を持つと考えることができる。「国際社会への協力」や「自国の領土の保持」などという美しい歌声に惑わされることなく、日本の国民が将来へ向けて、安全な航海をつづけていくことができるか否かが、そこにかかっている。

ことに、第二次世界大戦前において、民主的政治過程が軍部を充分にコントロールすることができず、民主政治の前提となる理性的な議論の場を確保しえなかった日本の歴史にかんがみれば、「軍備」といえる存在の正統性をあらかじめ封じておくことの意義は大きい。

†原理的困難

集団安全保障の枠組みによって国際平和を確保する方策の直面する第二の困難は、はたしてわれわれは国内の平和を実現するための方策を、そのまま国際社会の平和を実現するための方策へと、推し及ぼすことが可能かという原理的な問題にかかわる。結論からいえば、このような論理の拡張は困難である。

国家は個人ではない。ルソーが強調したように、国家は仮想の人格であり、人為的構成物である。生身の個人とは異なり、仮想の人格は自己保存への権利を持たない。「国家の自己保存」は、「株式会社の自己保存」や「同窓会の自己保存」と同様、せいぜい比喩的な言い回しにとどまる。国家は、個人の自己保存への権利をよりよく実現するために設立されたものにすぎない。

したがって、前述の権威に関する通常の正当化テーゼを前提とするならば(一三〇頁参照)、われわれはそうすることがわれわれ自身の自己保存に役立つような場合にかぎって、国家の権威に従うべきである。しかしながら、たとえ国家間の平和を維持するためであっても、戦争や武力行使に従事するようその国民を強制する国家は、少なくとも強制される個人の側から見るならば、自己保存をむしろ困難にする。自己保存が個人の究極の目的であり、自己保存の権利が最も根底的な権利であれば、前線におもむくよう国家に指示されたとき、その指示を受け入れるべき理由は薄弱となる。

もちろん、問題となっている国家が、各市民に生の包括的な意味と目的を付与するような、シヴィック・ヒューマニズムの理念にもとづく国家であれば話は別である。古代のアテネやローマの市民は、兵役に服し外敵と戦うことをも含めた共和政への積極的参加こそが「善き徳にかなう生」を生きる唯一の道と考えていたかもしれない。その場合、前線におもむいて戦死することは、善き市民としての徳を示す行為であり、彼の生が充実した意味のある生であったことを示すできごとである。

ハンナ・アーレントは、どうやらそのような古典古代の市民像を理想的な人の生き方として描こうとしているかに見える（三四頁参照）。そこでは、公と私の区分はむしろ憂うべき非難の対象であり、公での生活こそが人に生きる意味を与える。

しかしながら、第II部で明らかにしたように、立憲主義が前提とする国家は、市民の生に包括的な意味と目的を付与する国家ではない。それは、多様で相互に両立不能な世界観や生の目的を抱きながらも共同生活の便宜を公平に分かち合おうとする人々が集い、全市民に共通する公益について理性的に討議し決定するという、意義の限定された空間にとどまる。

リベラルな立憲主義にもとづく国家は、市民に生きる意味を与えない。それは、「善き徳にかなう生」がいかなるものかを教えない。われわれ一人ひとりが、自分の生の意味を自ら見出すものと想定されている。そうである以上、この種の国家が外敵と戦って死ぬよう、市民を強制することは困難であろう。以上の議論が正しいとすれば、立憲主義国家にとって最大限可能な軍備の整備は、せいぜい傭兵と志願兵に頼ることとなる。

日本政府は、徴兵制は意に反する苦役を課することになり、憲法の認めるところではないとの立場をとるが、ここで述べた議論からすれば、このような立場は日本政府固有の特殊なものではなく、日本が戦後受け入れた個人の尊重を立脚点とする立憲主義に普遍的に妥当するはずの考え方だということになる。海外でのPKO活動が軍全体の活動のなかで占める割合が増え、装備内容や要求される技術が高度化するにつれて、徴兵制にもとづく防衛力の整備という政策は、今後ますます非現実的な選択となっていくであろう。しかし、徴兵制をとるべきでない理由は、より根底にある。

他方で、徴兵制をとらず、職業的常備軍を置くことのマイナスの面をも認識する必要がある。徴兵制の下では、自分自身が、あるいは自分の親族が最前線に送られる可能性を念頭におくことで、選挙民の軍事政策に対する判断も慎重になることが期待できる。そうした可能性がないと大部分の有権者が考える場合には、防衛政策に対する民主的な歯止めはかかりにくいであろう。また、職業的常備軍は、人民一般と乖離した独自の利害を念頭において行動する危険性が高い。いずれにせよ、合理的自己拘束としての憲法の役割は高まることになる。

3 穏和な平和主義へ

以上のような考察から、憲法第九条を持つ現在の日本にとって、広い意味における平和主義を実現するいくつかの選択肢の評価が浮かび上がってくることになる。以下で描くこれらの選択肢は、必ずしも可能な方策のすべてではなく、また分類の仕方も家族的類似性を持つさまざまな立場を緩やかにまとめたものにすぎないが、過去に戦争の廃絶を目指して提示された方策の主なものは含んでいるであろう。

†穏和な平和主義

第一に、各国が自衛のための何らかの実力組織を保持することを完全には否定しない選択肢がある。ここでは、これを「穏和な平和主義」と呼ぶことにしたい。これは、ゴーティエの提示した四人のディレンマの解決の延長線上にある選択肢で、他国の裏切りには自分も裏切りで応ずることで長期的な平和を確保しようとするものである。前述したとおり、自集団的安全保障による国際平和の維持という方策も、この選択肢の拡張形態としてとらえることができる。

もちろん、国家の非合理的行動をあらかじめ抑制するための合理的拘束として憲法第九条をとらえるとすれば、保持しうる実力組織にはおのずと限界がなければならない。また、あくまでも平和維持の手段として実力の行使を是認する以上、この立場は実力の行使が必ずしも「際限なき地獄」にはいたらないこと、軍事行動を規制する戦争法規はかなりの蓋然性で遵守されるであろうことを前提としていることになる。丸山真男のように冷戦下では戦争法規を遵守する戦争の可能性は小さいと考える立場からすると、冷戦が終わってはじめてこの立場の実際的価値を検討することに意味が出てきたということになる。

穏和な平和主義が答えるべき第一の疑問は、はたして憲法第九条から軍備の保持および実力の行使に関する明確な限界を引き出すことができるか否かであろう。かりに第九条から明確な限界を引き出すことができないのであれば、合理的拘束といっても尻抜けに終わるおそれがある。そうであれば、むしろ完全な非武装を貫くという選択の方がすぐれているのではなかろうか。

たとえば、現在の政府解釈によると、憲法九条の下では、個別的自衛権は認められるが、集団的自衛権は認められないとされている。この解釈によると、日本と密接な関係にある外国が他の国から攻撃を受けたとしても、日本としては、その攻撃を日本の平和と安全を脅かすものとみなして、共同して防衛にあたることはできない。

国連憲章によって認められている権利を、自国の憲法で否定するのは背理だといわれることがあるが、もちろんこれは背理ではない。アイスクリームを食べる権利は誰にもあるが、自分は健康のことを考えて食べないことにするというのが背理でないのと同様である。

集団的自衛権は、自国の安全と他国の安全とを鎖でつなぐ議論であり、国家としての自主独立の行動を保障するはずはない。自国の安全が脅かされているとさしたる根拠もないのに言い張る外国の後を犬のようについて行って、とんでもない事態に巻き込まれないように、あらかじめ集団的自衛権を憲法で否定しておくというのは、合理的自己拘束として、充分にありうる選択肢である。

ドゴール将軍が喝破したように、「国家には同盟者はありえても、友人はありえない」。自国の利害得失の計算を離れて国家間の関係はない。国家間に友情があると考える人は、国家を擬人化して考えすぎている。それは自国の利益にとってきわめて危険な情緒論である。

そのうえでの問題は、憲法第九条の文言自体からは、集団的自衛権が否定されているという解釈は、一義的には出てこないではないかというものである。

ただ、この問題は、憲法第二一条の表現の自由をはじめとする他の憲法条項に関する違憲か合憲かの判断基準についても同様に生ずる問題である。表現活動に関する制約をいっさい認めないというのであればともかく、他人の名誉やプライバシーを守るため、あるいは街の美観風致を守るなどのために何らかの合理的制約を認めるという立場をとる以上は、たとえば「明白かつ現在の危険の基準」や「漠然性のゆえに無効の法理」など、いっさいの表現の自由を認める憲法の文言自体には手掛かりのない基準を使って、具体的制約が合憲か違憲かを判断せざるをえない。

しかし、いったん有権解釈によって設定された基準については、憲法の文言には格別の根拠がないとしても、なおそれを守るべき理由がある。いったん譲歩を始めると、そもそも憲法の文言に格別の根拠がない以上、踏みとどまるべき適切な地点はどこにもないからである。同じ状況は、憲法第九条の下で守られるべき具体的な制約を設定する場合にも妥当するであろう。

ときに、憲法第九条から導かれるとされるさまざまな制約が、「不自然」で「神学的」であるとか、「常識」では理解しにくいなどといわれることがあるが、こうした批判は全く的がはずれている。合理的な自己拘束という観点からすれば、ともかくどこかに線が引かれていることが重要なのであり、この問題に関する議論の「伝統」をよく承知しない人たちから見て、その「伝統」の意味がよくわからないかどうかは関係がない。そうした意味では、この問題は国境の線引きとよく似ている。なぜそこに線が引かれているかにはさしたる合理的理由がないとしても、いったん引かれた線を守ることには、合理的理由がある。

†パルチザン戦の遂行

第二の選択肢として、憲法第九条のために政府が軍隊を保持することは許されないが、外国の軍隊が侵攻した場合に人民が、群民蜂起やパルチザン戦というかたちで武力抗争を遂行することは憲法の禁ずるところではないという立場がある。第7章で見たようにルソーは、『ポーランド政府論』で、この立場を提唱した。

この立場は、人民が武装する権利を前提とすることになるであろう。憲法による制約の対象となるのは政府の権限および活動に限られるという考え方からすればこの立場も一応は筋が通っているといえる。しかし、もし九条に関する支配的見解の背後に、「際限なき地獄」である戦争を何としても回避すべきだとの考え方が控えているのだとすると、戦闘員と非戦闘員との区別を限りなく不明確にする「際限なき地獄」の典型であるパルチザン戦争を想定するこの立場は、実力による防衛を完全に否定する絶対平和主義の前提となる戦争観およびそこから導かれる理念と正面から衝突する疑いがある。

そもそも、日本人の大部分が戦争は「際限なき地獄」にほかならないと考えているのだとすれば、そうした民衆がパルチザン戦に突入したときに起こる状況の凄絶さは、筆舌に尽くしえないであろう。

†非暴力不服従

第三の選択肢として、外国軍隊の侵攻に際しては、政府の保有する自衛力で対抗するべきでもパルチザン戦で対抗するべきでもなく、組織的な非暴力不服従運動で対抗すべきだという立場がありうる。しかし、こうした組織的不服従運動が成功するためには、相手側が拷問や強制収容といったテロ行為によって組織の壊滅をはかることはないであろう、つまり相手方が占領活動にかかわる戦争法規を遵守することが前提となる。また、かりに運動に参加する市民に犠牲者が出た場合には、相手方がそれに良心の呵責をおぼえ、士気を阻喪するであろうほど、相手側の兵士の民度が高いという前提も必要である。

相手方が戦争法規を遵守するという想定は、戦争が「際限なき地獄」へといたるはずだという絶対平和主義の前提と衝突するし、一般市民の犠牲に良心の呵責を覚えるほど民度の高い相手であれば、わざわざ抵抗するまでもなく占領政策に協力する方が（つまり「チキン」としての態度を徹底する方が）社会全体の福祉の向上につながるのではなかろうか。

結局のところ、組織的不服従運動が平和の維持と回復につながるという主張は、戦争と平和にかかわる問題の意義を劇的に小さくするほど、人類一般の理性と良識を信ずることができるという想定と結びついている。そこまで人類一般が理性的であり、良識的に行動するものであれば、われわれは戦争と平和について深刻に考える必要もないはずである。逆にいうと、そこまで人類の理性と良識を信ずることはできず、したがって戦争と平和にかかわる問題の意義は失われていないのだとすれば、組織的不服従運動が実効的に平和を回復する手段となるかは疑わしいということになる。

†「善き生き方」としての絶対平和主義

第四に、たとえパルチザン戦や組織的不服従運動が実効的な解決につながらず、あるいは際限なき地獄を現出し、あるいは相手方による血みどろの圧政につながるとしても、なおそれが道徳的に正しい選択であるがゆえにそうすべきだという立場が考えられる。つまり、それが「善き生」のあり方を示すがゆえに、平和の実現や回復につながるか否かという帰結主義的考慮とは独立に、それに従うべき理由があるということになる。

キリストが右の頬を打たれたら左の頬を向けよと説いたのは、そうすれば相手は攻撃をやめるだろうという理由からではない。相手が攻撃をやめるか否かにかかわらず、そうすることが正しい人（少なくとも正しいキリスト教徒）の道だからという理由からである。

この第四の選択の課題は、これが個人レベルの倫理として語られるのであればともかく、それを国の政策として執行することは、国を守るために前線におもむくよう個人を強制する措置と同様に立憲主義の根本原則と正面から衝突するのではないかという疑問にいかに答えるかである。

善き生に関する観念は多様であり、相互に比較不能であるというのが、立憲主義の基本的前提である。公的領域と私的領域とを区分し、万人の万人に対する争いを引き起こしかねない「善き生」とは何かに関する対立を私的領域に封じ込めることで、公共のことがらに関する理性的な解決と比較不能で多様な価値観の共存を両立させようとするのが立憲主義のプロジェクトである。こうした立憲主義の立場と、ある特定の「善き生」の観念を貫くために、結果にかかわりなく絶対平和主義をとるべきだという立場とは容易には整合しない。

この緊張関係を解くための一つのアイディアは、絶対平和主義に帰依しえない個人は外国に「逃げる」というものであろう。実際、平和を実効的に実現しうるか否かにかかわりなく、絶対平和主義が社会の統一的な結論として採用された場合、「死ぬよりはましだ」という前提に立つかぎり、多くの人は逃げざるをえないのではないかと筆者は考えている。

ただ、この場合でもある特定の「善き生」の理念に帰依できないのであれば、そういう人間は「日本から出ていけ」といっていることになり、立憲主義との整合性が本当にはかられているといえるか否かについては疑念が残る。

†「世界警察」、そして「帝国」

第五の選択肢は、世界統一国家による「全世界を覆う警察サービス」を実現することで、戦争を廃絶するという方策である。これは、第一の選択肢に含まれる集団的安全保障のアイディアをよりつきつめたときに現れる構想だということができる。この選択肢の課題は、それがはたして現実的か、そして現実的だとしても望ましいものかというものであろう。少なくとも、現時点ではこの種の警察サービスが継続的に組織されることは現実的とはいえない。

朝鮮戦争と湾岸戦争では、これに似た警察サービスが大規模に組織されたが、これらはいずれもアメリカ合衆国を中心とする当事国に、それを組織しあるいは参加することが自国の利益と一致するとの目算があったために実現したものである。大規模な警察サービスを組織することと各国の利益とが一致するか否かはそのときどきの状況に依存し、それが常時一致すると期待すべき理由はない。

一九九四年に、ルワンダで何十万人ものツチ族がフツ族の掌握する政府によって系統的に虐殺されたとき、国連安全保障理事会は、ただそれを見守るだけだった。あたかも「全世界を覆う警察サービス」が常時存在するかのように前提しながら行動することは、さほど賢明とはいえない。

また、こうした警察サービスを標榜する諸国は、ときに自国の利害や自国の唱導するイデオロギーを実現するために「警察サービス」という旗印を利用するおそれもある。きわめて怪しげな国際法上の正統性の下に、アメリカとイギリスの行った二〇〇三年の対イラク戦争がそうでなかったという保障はあるだろうか。

さらに、夢を推し進め、アドホックな警察活動を超えて立憲主義的な世界国家、つまり「帝国」が成立可能だとしても、それは必ずしも望ましい事態とはいえない。「帝国」の下では、国境は消失し、同一のルールに従って闘う対等者である「敵」と「味方」の区別は非対称的な「正」と「邪」の区別に置き換えられて、「ならず者」を取り締まり平和と秩序を回復する警察活動が全世界を通じて単一の権威により行われることになる。「帝国」の下では、人権の尊重という単一のイデオロギーが権力の行使を一元的に正当化する。

現在われわれが生きる世界に存在する各国境の内部には、それぞれ他とは比較不能な固有の価値を持つ文化や生活様式が日々再生産されている。予想される統一国家が、現在のすべての国家が正しいと考える仕方でその警察権を行使する保障はない。巨大な世界国家の「不正」な支配を受けるぐらいであれば、独立を保ちながら多少の紛争発生の危険は甘受しようという国があってもあながち不合理とはいえない。

国内の平和を保つために政治の領域から善悪の判断を排除することが肝心であったように、国際政治においても、善悪の判断が入り込むことには大きな危険がともなう。アメリカを頂点とする複合的ネットワークによって構成される「帝国」の出現を祝賀する言説は、「人権」という概念そのものが、多様な価値観の平和共存をはかる手段であることを、忘れているように思われる。

また、世界帝国は、その維持と運営に膨大なコストがかかるであろう。新たな「帝国」の出現を示唆する論者たちが指摘するように、そのコストにもかかわらず帝国が維持されるためには、アーレントが古典古代の市民について指摘したような「愛国心」ないし共通の善の観念が「帝国」の市民に共有され、しかも市民参加の渦巻きが限りなく膨張する運動として維持されることが要求される。

カントが『人倫の形而上学』第一部「法論」の末尾で指摘したように、異なる言語、宗教、文化からなる世界全体を統一する国家よりも、より小さな単位からなる国家群の方が、結局は紛争発生の危険は小さくなると考えることもできよう。『永遠平和のために』における彼の提言の背後にも、同様の配慮を見ることができる。

†九条改正はほんとうに必要か？

ここで検討の対象とされた選択肢は、必ずしも同一平面に並べることのできるものではない。たとえば第四の選択肢は、実効的な平和実現を求める他の選択肢とそもそも比較可能な視点に立つものとはいえないであろう。ただ、個人の自律を尊重する立憲主義と衝突しないかぎりで実効的な平和を求めようとするかぎり、第一の選択肢である穏和な平和主義の持つ意味をなお真剣に受け止めるべき理由がある。

この穏和な平和主義は、憲法第九条の文言と衝突するのではないかとの疑問があるかもしれない。しかし、そうした疑問が生ずるのは、第九条を原理（principle）ではなく、準則（rule）としてとらえるべきだという、特殊な前提がとられているからである。

一般に法規範といわれるもののなかには、ある問題に対する答えを一義的に定める準則と、答えをある特定の方向へと導く力として働くにとどまる原理とがある。たとえば、ある道路が駐車禁止であるか否かを定める法は準則である。駐車禁止であるか否かは、一義的に決まっていなければならない。道路の交通規則や手形・小切手の効力に関する規定の多くはこうした性格を持っている。

これに対して、たとえば、表現の自由などの憲法上の権利の保障を定める規定のほとんどは、原理を定めているにとどまる。表現の自由が保障されているからといって、人の名誉やプライバシーを侵害する表現活動にいたるまで、文字どおり「いっさいの」表現の自由が保障されるわけではない。表現の自由の尊重と同様、裁判所をはじめとする国家機関が考慮しなければならない、それとは対立する他の原理も存在するからである。

憲法第九条は、準則と原理のいずれだと考えるべきであろうか。第九条を基礎づけているのが、「戦争」＝「地獄」理論にもとづいて、国家間の対立関係をチキン・ゲームとして見る立場に立っているのであれば、文字どおり軍備の保持をいっさい禁じている準則と見ることも可能である。しかし、この立場をとることは、前に見たように、世界全体をより平和にすることにはさして役立たない。自分だけが助かればよいというだけである。

また、第九条を準則として見ることの根拠となる他の議論——パルチザン戦の遂行、非暴力抵抗の唱導、善き生き方としての絶対平和主義、世界警察への依存——は、いずれも平和を実現するための現実的手段とは考えにくく、それぞれの前提とする戦争観と整合しているかも疑わしい。なかでも、たとえいかなる結果になろうとも「善き生」をまっとうするには絶対非武装平和主義を貫くしかないという立場は、シヴィック・ヒューマニズムの国家観と同様、立憲主義の基本的前提とは両立しえない。

これに対して、国家間の安全保障の枠組みを通じて、世界全体としての平和を目指すべきなのだが、このプロジェクトが含む実際的な困難（一五二頁以下）に対処するために、あえて憲法第九条が合理的自己拘束として設定されているのだという穏和な平和主義の立場からすれば、この条文が準則を示していると考えるべき理由は乏しい。軍備の保持がもたらす実際的困難の解決は目指すべきであるが、それと同様に考慮にいれるべき、他の対立する考慮も、国際的平和の実現のためには存在しているはずだからである。

そして、憲法第九条が準則ではなく、原理を示しているにすぎないのであれば、自衛のための最低限の実力を保持するために、この条文を改正することが必要だとはいえないことになる。他人の名誉やプライバシーを侵害する文書を規制するために、憲法二一条を改正する必要がないことと同様である。

法律を専門としない人々が憲法の改正に関心を抱くことには、もっともなところがある。複雑化し、専門化が進んだ現代社会で、多くの人々は、自分たちが従わねばならない法律の内容を知らないし、また理解できないでいる。そうした状況で、この国の「最高法規」である憲法典は、素人であるわれわれでも理解できるものであってほしいし、そうでないなら、われわれの手で変えるべきだという思いには、人の共感を呼ぶ面もあるのであろう。

しかし、しょせんは憲法も法律であり、その解釈適用は、最後は専門の法律家の手に委ねられる。憲法典の存在意義が、民主的手続への過重負担を避けること、民主政治が自らの手に負えないことにまで手を出さないよう、ハードルを設けることにある以上、解釈適用が専門家の手に委ねられることには、充分な根拠がある。こうした考え方は、改正の対象として想定されている条文が、社会生活の根本的な枠組みにあたる原理を定めている場合により一層あてはまる。

さらに、いままで、原理を示すものとして扱っていた条文、したがってとくに改正する必要もないとしてきた条文を、いまになってことさら改正しようとすることがどのように受け取られるか、どのようなメッセージを周辺諸国に送ることになるかという政治的意味合いをも考える必要がある。憲法を改正することがどのような意味を持つのか、あるいは持たないのか、それがぜひとも必要なことなのか否かについては、慎重な熟慮と判断が必要であろう。

†平和的手段による紛争解決

本章で述べてきた議論は、当然のことながら、外交や経済支援、教育・民生等の分野における民間団体の協力などのような、平和的手段による国際紛争解決の努力が役に立たないという結論を導くものではない。むしろこれらの方策は、実力の行使に比べて、より低廉なコストにより永続的な平和の確立に貢献しうる点で、はるかにすぐれている。

　東西の冷戦が終結した現在、国家間の戦争よりもむしろ、住民から信従を調達しえない破綻国家で展開される紛争と、そのなかで行われる人権侵害こそが国際の平和に対するより重大な脅威となっているという認識からすれば（日本の置かれている状況がそうした認識に沿っているか否かはともかく）、平和的手段の重要性はさらに増していると考えるべきであろう。それにもかかわらず、これらの平和的手段は、実力による平和の維持という方策に完全に置き換わりうるものではないというのが、一般的な受け止め方であろう。ジョン・ブレイスウェイト教授の近著『修復的司法と応答的規制』の示すアイディアは、二種の方策の関係を整理する手がかりになる。

†修復的司法とその応用

「修復的司法」とは刑事司法と並ぶ犯罪への対処手法で、その中核をなすのは、修復的会談（restorative conference）である。加害者と被害者の双方が、それぞれの家族・知人など信頼する人々とともに顔を合わせ、それぞれの悲しみ、苦痛、現在の気持ちなどを語り合い、そのなかで加害者の更生と傷つけられた正義の回復への道を探り出そうとする。つねに成功するとは限らないものの、被害者の満足度も、加害者の更生の蓋然性も、通常の刑事司法による対処に比べれば高まることを、ブレイスウェイトは指摘する。

したがって、犯罪への対処には、まず修復的司法による和解と更生の試みがなされるべきであり、それが失敗したときにはじめて利害得失を計算する相手の功利的側面に訴えかける「抑止」的処罰を行い、それが功を奏しない相手については、収監等の手段によって「無害化」をはかるべきである。こうして、修復的司法と刑事司法の全体を通じて、より低コストで効果的な犯罪対策が実現する。

ブレイスウェイトによれば、こうした考え方は、破綻国家における平和の回復にも役立つ。戦争法規や国際人道法を心得ない軍閥や民兵に対して、ただちに国際的な刑事法廷での訴追を行っても、人的物的資源の限界によって訴追はいきおい選別的となり、訴追される側は「勝者」による罰則の「遡及」適用であるとの恨みを深めるだけに終わるおそれがある。

むしろ、地域ごとの加害者と被害者との修復的会談を試みることで社会関係を修復することがまず試みられるべきであり、良心に訴えても効果のない軍閥に対しては、暴行や略奪をやめて社会秩序が確立されることが自分にとっても長期的利益につながるという相手方の効用に訴え、それらの平和的手段に効果がみられないことがわかってはじめて、実力による介入や刑事訴追等の抑止や無害化が試みられるべきである。大規模な人権侵害事件の後、修復的会談を通じて社会関係を修復する試みは、旧ユーゴスラヴィアやインドネシアなど、世界各地で行われている。

注意すべきなのは、和解や説得が効果を生ずるのは、それが失敗すれば抑止や無害化というより強制的な手段がとられることがあらかじめ明確にされている場合に限られることである。犯罪対策の場合でも、刑事司法という強制手段が存在しない場合に、加害者が自発的に修復的会談に参加しようとするとは考えにくい。和解や説得の試みは、実力にもとづく強制的手段を背景とすることで効果をもたらすものであり、それに完全に置き換わりうるものではない。

終章　憲法は何を教えてくれないか

ヨーロッパでの成立の経緯に照らしてみればわかるように、立憲主義は、多様な価値観を抱く人々が、それでも協働して、社会生活の便益とコストを公正に分かち合って生きるために必要な、基本的枠組みを定める理念である。そのためには、生活領域を公と私とに人為的に区分すること、社会全体の利益を考える公の領域には、自分が一番大切だと考える価値観は持ち込まないよう、自制することが求められる。

立憲主義は、ありのままの人間が、自然に受け入れられる考え方ではない。少々無理をしなければ理解できないし、身につくはずのない考え方である。自分が一番大切だと思う価値観、自分の人生に意味を与えてくれる価値観を、みんなのためになることを議論し、決定する場には持ち込むなというわけであるから。

しかし、そうした自制がないかぎり、比較不能な価値観の対立は、「万人の万人に対する闘争」を引き起こす。それは、遠い昔の話でもなければ、ただのおとぎ話でもない。いまも世界のいたるところで、そうした闘争はつづいている。立憲主義はたしかに西欧起源の思想である。しかし、それは、多様な価値観の公正な共存を目指そうとするかぎり、地域や民族にかかわりなく、頼らざるをえない考え方である。

立憲主義にもとづく憲法——日本国憲法はその典型だが——は、人の生きるべき道や、善き生き方について教えてくれるわけではない。それは、個々人が自ら考え、選びとるべきものである。憲法が教えるのは、多様な生き方が世の中にあるとき、どうすれば、それらの間の平和な共存関係を保つことができるかである。憲法は宗教の代わりにはならない。「人権」や「個人の尊重」もそうである。さまざまな信仰を持つ人々、無信仰を奉ずる人々が共存する術を教えるだけである。

立憲主義は現実を見るように要求する。世の中には、あなたとは違う価値観を持ち、それをとても大切にして生きている人がたくさんいるのだという現実を見るように要求する。このため、立憲主義と両立しうる平和主義にも、おのずと限度がある。現実の世界でどれほど平和の実現に貢献することになるかにかかわりなく、ともかく軍備を放棄せよという考え方は、「善き生き方」を教える信仰ではありえても、立憲主義と両立しうる平和主義ではない。

別の側面から見ると、立憲主義的憲法は、民主政治のプロセスが、自分では処理しきれないような問題を抱え込まないように、民主政治で決められることをあらかじめ限定する枠組みでもある。根底的な価値観の対立を公の領域に引きずりこもうとしたり、大きなリスクをともなう防衛の問題について、目先の短期的考慮で勇み足をしないように、憲法は人為的な仕切りを設けようとする。引かれた線が「自然」な線に見えないという指摘は、反論にはならない。憲法が扱うさまざまな線のなかに、「自然」な線などどこにもないからである。「自然」な線ではないからこそ、いったん後退を始めると、踏みとどまるべきところはどこにもない。

立憲主義は自然な考え方ではない。それは人間の本性にもとづいてはいない。いつも、それを維持する不自然で人為的な努力をつづけなければ、もろくも崩れる。世界の国々のなかで、立憲主義を実践する政治体制は、いまも少数派である。立憲主義の社会に生きる経験は、僥倖《ぎょうこう》である。

本書をここまで読み進めた方は、国家の主権や国境だけではなく、人権や個人の尊重という観念の意味まで相対化されてしまったことに戸惑いを覚えておられるかもしれない。こうした観念は、いろいろな問題を解決するに際して、自分で考えないですませるための「切り札」として使うには便利な道具である。自分で考えるということは、「……である以上、当然……だ」という論法で使われる、そうした「切り札」など実はないとあきらめをつけることである。

そして、自分で考えはじめた以上は、本書ももはや用はないはずである。願わくば、本書を踏み台としてさらに進まれんことを。

文献解題

序章　憲法の基底にあるもの

オコス-オジェンド教授の指摘は、W. H. O. Okoth-Ogendo, Constitutions Without Constitutionalism: Reflections on an African political Paradox, in *Constitutionalism and Democracy: Transitions in the Contemporary World*, eds. by Douglas Greenberg, Stanley N. Katz, Melanie Beth Oliviero and Steven C. Wheatley (Oxford University Press, 1993) に見られる。

ルイス・ヘンキン教授の整理については、Louis Henkin, A New Birth of Constitutionalism: Generic Influences and Genetic Defects, in *Constitutionalism, Identity, Difference and Legitimacy: Theoretical Perspectives*, ed. by Michel Rosenfeld (Duke University Press, 1994) 参照。

トマス・ジェファーソンの主張は、一八一六年七月一二日付けのサミュエル・カーシュヴァル宛ての手紙の中に見られる (Thomas Jefferson, *Political Writings*, eds. by Joyce Appleby and Terence Ball (Cambridge University Press, 1999), pp. 210-17)。

本文の記述は、立憲主義とは、「要するに権力に勝手なことをさせないという、非常にわかりやすくいえばその一語に尽きると言っていい」とし、権力の制限という側面を強調して「民主主義」との対比を際立たせる樋口陽一『個人と国家』（集英社新書、二〇〇〇年）八四頁以下の顰《ひそ》みにならったものである。こうした考え方に立脚する憲法は、ドイツの憲法裁判所判事であったディーター・グリムがいうように、「政治権力の成立と行使のあり方を、他のあらゆる規範に優越する法により、包括的かつ統一的に統制しようとする」点にその特徴がある（Dieter Grimm, *Die Zukunft der Verfassung* (Surkamp, 1991), p. 37）。

政治学者のジョヴァンニ・サルトーリが指摘するように、権力の制限が立憲主義の目的であれば、憲法典はその手段にすぎず、したがって、憲法典を持つことや憲法典に従うことを、立憲主義と同じ意味にとることはできない（Giovanni Sartori, Constitutionalism: A Preliminary Discussion, 56 *American Political Science Review*, 853 (1962)）。

立憲主義と民主主義との関係を、違憲審査制度の正当化根拠とその範囲に即して検討する邦語文献としては、松井茂記『二重の基準論』（有斐閣、一九九四年）と阪口正二郎『立憲主義と民主主義』（日本評論社、二〇〇一年）が代表的である。

憲法学者や政治学者だけが、国家権力の制限という側面に即して立憲主義ということばを使うわけではない。ジャーナリスト、歴史家、小説家などとして幅広い活動を行うマイケル・イグナティエフも、最近公刊された『政策および偶像としての人権』という著作のなかで、民主主義とそれを制約する立憲主義との緊張関係について触れている（Michael Ignatieff, *Human Rights as Politics and Idolatry* (Princeton University Press, 2001), p. 30）。

第1章　なぜ多数決なのか？

多数決の自然さに関するハンナ・アーレントの指摘については、彼女の『革命について』志水速雄訳（ちくま学芸文庫、一九九五年）二五四頁参照。

以下で説明する多数決の四つの論拠については、拙稿「なぜ多数決か？——その根拠と限界」レファレンス六二三号（二〇〇二年）参照。

筆者の知るかぎり、一般不可能性定理に関する最もわかりやすい説明は、アマルティア・セン『集合的選択と社会的厚生』志田基与師監訳（勁草書房、二〇〇〇年）第三章以下のものである。

「自己決定の最大化」に関連して紹介した、多数決に関するケルゼン自身の言い方はもっとややこしい。引用すると、「できるだけ多数の人間が自由である、すなわちできるだけ少数の人間が、彼らの意思とともに、社会秩序の普遍的意思と矛盾に陥らねばならぬ、という考えだけが、多数決原則への合理的途上へと導くものである」（『デモクラシーの本質と価値』（西島芳二訳、岩波文庫）三九〜四〇頁）というものだが、いっていることの中身は本文で述べたとおりである。

ベンサムの功利主義については、『道徳及び立法の原理序説』山下重一訳『世界の名著49　ベンサム／J・S・ミル』（中央公論社、一九七九年）所収、とくにその第一章参照。功利主義を個人的倫理の指針として理解すると、日々の一挙手一投足についても、それが社会の幸福の最大化に貢献するか否かを考えなければ行動できなくなるなど、多くの非常識な結論が帰結する。

功利主義を個人の倫理の指針としてではなく、公共政策の決定原理として推奨するロバート・グッディンの議論については、さしあたり、拙稿「ロバート・グッディン――功利主義的社会設計」海外社会保障研究一三八号五五頁以下参照。

「すべての人を公平に扱う」で描いた多数決の正当化とほぼ同じ議論を展開するものとして、ジェレミー・ウォルドロン『立法の復権――議会主義の政治哲学』長谷部恭男・愛敬浩二・谷口功一訳（岩波書店、二〇〇三年）、とくにその第六章が参照にあたいする。

コンドルセの定理については、さしあたり拙著『比較不能な価値の迷路』（東京大学出版会、二〇〇〇年）第六章参照。そこで述べたように、ルソーの『社会契約論』のなかには、コンドルセの定理を念頭におくとよりよく理解できる記述がある。

第2章　なぜ民主主義なのか

「第一の見方をさらに二分する」で描いた二分法については、さしあたり拙稿「討議民主主義とその敵対者たち」法学協会雑誌一一八巻一二号（二〇〇一年）一八九六〜九八頁参照。

「民主主義の自己目的化？」で紹介したアーレントの自己破壊的な議論は、前掲『革命について』一八三〜八四頁に見られる。ここでの議論についても、さしあたり前掲拙稿「討議民主主義とその敵対者たち」一九〇二〜〇三頁参照。そこで注記したように、本文での議論は社会哲学者のヤン・エルスターの分析に依拠している。

『日の名残り』の訳文については、土屋政雄訳（中公文庫、一九九四年）を参照した。

アメリカの政治家に関するトックヴィルの評価は、『アメリカのデモクラシー』松本礼二訳（岩波文庫、二〇〇五－〇八年）の随所に見られる（たとえば、第二巻第七章等）。

民主政治が「瑣末事」にのみかかわるというダールの指摘は、彼の『民主主義理論の基礎』内山秀夫訳（未来社、一九七〇年）二四八〜四九頁に見られる。民主主義の条件について論ずる彼の別著は、*On Democracy* (Yale University Press, 1998), ch. 12である。

第3章　比較不能な価値の共存

ジェレミー・ベンサムによる自然権概念への批判については、Jeremy Bentham, *Rights, Representation and Reform : Nonsense Upon Stilts and Other Writings on the French Revolution*, eds. by Philip Shofield, Catherine Pease-Watkin and Cyprian Blamires (Clarendon Press, 2002) 参照。彼の自然権批判を簡単に紹介する邦語文献としては、拙著『権力への懐疑』（日本評論社、一九九一年）六二〜六七頁がある。

ベンサムのフランス人権宣言批判よりさらに日本で有名なのは、カール・マルクスの人権宣言批判であろう。彼の『ユダヤ人問題によせて』城塚登訳（岩波文庫、一九七四年）参照。人権宣言は、政治の領域における形式的平等を定めているだけで、社会的な貧富の格差を放置し、実質的平等の実現には何ら寄与しようとしない。ビル・ゲイツにもホームレスにも、同じ法律上の権利を与えているというわけである。

「正義の状況」については、ジョン・ロールズの『正義論』川本隆史他訳（紀伊國屋書店、二〇一〇年）第二二節参照。原著 *A Theory of Justice*（Harvard University Press）は初版が一九七一年に、改訂版が一九九九年に出版されている。ロールズ自身が認めているとおり、「正義の状況」という考え方自体は、彼のオリジナルではない。デイヴィッド・ヒュームの『人性論』第三篇第二部第二節や、H・L・A・ハートの『法の概念』長谷部恭男訳（ちくま学芸文庫、二〇一四年）第九章第二節（原著 *The Concept of Law*（Clarendon Press）は、初版が一九六一年、第二版が一九九四年、第三版が二〇一二年刊行）にも、同様の発想がうかがえる。

ロールズは、一九九三年に出版された *Political Liberalism*（Columbia University Press, 1993）では、価値観の比較不能性が持つ意味をより強調している。同書の序文が指摘するように、彼のいう「政治的リベラリズム political liberalism」の課題は、宗教的にも、哲学的にも、また道徳的教理の点でも根底的に分裂、対立する人々の間に安定した、正義と公正にかなった社会を確立することである。そして、これが課題として意識されるにいたった背景には、宗教改革とそれを発端とする宗教的寛容に関する論争がある。

プロレタリア階級が支配階級となり、ついで階級対立が消滅すれば、支配階級による非支配階級抑圧の暴力装置たる国家も消滅し、すべての人が自由に自己の能力を発展させることのできる共同社会が現れるというマルクスの主張は、たとえば、マルクス／エンゲルス『共産党宣言』大内兵衛・向坂逸郎訳（岩波文庫、一九五一年）第二章末尾に端的に現れている。共産主義社会では、ブルジョワ社会の下での専門的分業はなくなり、「各人は排他的活動領域というものをもたず、任意の諸部門で自分を磨くことができる。共産主義社会においては社会が生産の全般を規制しており、まさしくそのゆえに可能になることなのだが、私は今日はこれを、明日はあれをし、朝は狩りをし、午後には漁をし、夕方には家畜を追い、そして食後には批評をする——猟師、漁夫、牧人あるいは批評家になることなく、私の好きなようにそうすることができるようになるのである」（マルクス／エンゲルス『ドイツ・イデオロギー』廣松渉編訳・小林昌人補訳（岩波文庫、二〇〇二年）六七頁）。

「宗教戦争と懐疑主義」で紹介したリチャード・タックの説明については、たとえば、彼の『トマス・ホッブズ』田中浩・重森臣広訳（未來社、一九九五年）参照。より本格的な著書としては、Richard Tuck, *Philosophy and Government 1572–1651* (Cambridge University Press, 1993) の随所、とくに、pp. 173, 197–98, 333 を参照。モンテーニュの引用は、『エセー』原二郎訳（岩波文庫、第三巻、一九六六年）二七五頁からのものである。

中世までの自然法ないし自然権の伝統と、グロティウスやホッブズに代表される近代以降の自然権思想の流れとを断絶したものとして描くタックの説明は、政治思想史の世界では必ずしも主流をなしてきたわけではない。ギールケやマイネッケに典型的に見られるように、むしろ、近代以降の自然権思想は中世の自然法思想を受け継ぐものと考える傾向が主流をなしていた。この点については、Richard Tuck, Introduction to his *Rights of War and Peace* (Oxford University Press, 1999) 参照。

本文での説明は、立憲主義に相当する発想のはじまりに関する説明であって、社会契約論と手に手を携えて、国家権力を制限する立憲主義 constitutionalism あるいはその手段である基本原則を定める憲法 constitution という「ことば」の使い方が始まったというわけではない。語源であるラテン語 constitutio は、日本語の「憲法」がそうであるように、法令一般を指す用語として用いられていた。

イングランドの例を見ると、一六世紀から一七世紀への世紀転換期において、国家権力を制限する原則という意味での constitution ということばの使い方が見られないわけではないが、そうした使い方が一般化したのは、「名誉革命」以降のことだといわれる。ジェームズ二世の退位を宣言した国会の議決は、彼が「王国の憲法 (the constitution of the kingdom) を覆そうとした」ことをその理由としている。この点については、Gerald Stourzh, Constitution: Changing Meaning of the Term, in *Conceptual Change and the Constitution*, eds. by Terrence Ball and J. G. A. Pocock (University Press of Kansas, 1988) 参照。

他方、フランスにおいて constitution が単独で憲法という意味を持つようになったのは、一八世紀の後半になってからのことであり、こうした意味の普及には、一七四八年に刊行されたモンテスキュー『法の精神』が大きな役割を果たした。こうしたことばの用法に関してモンテスキューがイギリスの影響を受けていたことは明らかである。この点については、Olivier Beaud, La notion de constitution chez Montesquieu, in *Staat, Souveränität, Verfassung*, eds. by D. Murswiek, U. Storost, H. Wolff (Duncker u. Humblot, 2000) 参照。

『ハムレット』に関するカール・シュミットの解釈については、彼の『ハムレットもしくはヘカベ』初見基訳（みすず書房、一九九八年）参照。宗教改革後の個人の良心が置かれた状況という観点からハムレットを見る文献として、Ian Ward, *Shakespeare and the Legal Imagination* (Butterworths, 1999), ch. 7 がある。

『ドン・キホーテ』に関するミラン・クンデラの解説は、彼の『小説の精神』金井裕・浅野敏夫訳（法政大学出版局、一九九〇年）第一部「不評を買ったセルヴァンテスの遺産」に見られる。

『ハムレット』の訳文については、小田島雄志訳（白水社、一九八三年）を、『存在の耐えられない軽さ』については、千野栄一訳（集英社文庫、一九九八年）を、それぞれ参照した。

比較不能性に関するラズの議論については、たとえば「価値の通約不可能性」ジョゼフ・ラズ『自由と権利』森際康友編訳（勁草書房、一九九六年）所収参照。Incommensurability は通約不可能性あるいは共約不可能性と訳されることもあるが、筆者はもっぱら「比較不能性」と訳している。これは訳し癖で、それ以外の訳が宜しくないというわけではない。

アイザィア・バーリンの指摘については、たとえば「理想の追求」（バーリン選集四『理想の追求』福田歓一・河合秀和・田中治男・松本礼二訳（岩波書店、一九九二年）所収）参照。

ローティの指摘については、Richard Rorty, Human Rights, Rationality and Sentimentality, in his *Truth and Progress* (Cambridge University Press, 1998) 参照。ダヤク族によるマドゥラ人の殺戮と人肉食に関する報告は、P. L. Parry, Apocalypse now, *Independent*, 25 March 1999 による。

「非社交的社交性」というカントの概念は、「世界市民史的見地における普遍史の概念」の第四命題に見られる（岩波書店刊行のカント全集では第一四巻『歴史哲学論集』所収）。カントとホッブズの政治思想の類似性については、ウォルドロンの前掲書『立法の復権』第三章が詳しい。

ジョン・ロックの抵抗権論に関する本文での紹介は、『統治二論』加藤節訳（岩波文庫、二〇一〇年）および『寛容に関する書簡』での議論をスケッチしたものである。彼の抵抗権論と立憲主義との関係については、さしあたり、拙稿「国家の暴力、抵抗の暴力——ジョン・ロックの場合」法社会学五四号（二〇〇一年）参照。

第4章　公私の区分と人権

「優越的地位」にある憲法上の権利を制約する国家行為が「厳格な審査基準」によって審査されることについては、手近の憲法の教科書で確認していただきたい。代表的なものは、芦部信喜『憲法』［第五版］高橋和之補訂（岩波書店、二〇一一年）一八六頁以下である。

「愛国心」教育の憲法上の問題点をわかりやすく解説する本として、西原博史『学校が「愛国心」を教えるとき』（日本評論社、二〇〇三年）が参照にあたいする。

第5章　公共財としての憲法上の権利

自由な表現の空間が持つ公共財としての性格については、ジョゼフ・ラズの「自由な表現と個人の証し」同『自由と権利』森際康友編訳（勁草書房、一九九六年）所収参照。

放送に対する規制をマスメディアの部分規制として説明する議論としては、さしあたり、拙著『テレビの憲法理論』（弘文堂、一九九二年）第二章および拙著『憲法学のフロンティア』（岩波書店、一九九九年）第八章参照。

「多数者の知恵」に関するアリストテレスの議論については、前掲ウォルドロン『立法の復権——議会主義の政治哲学』第五章参照。

「集団偏向」現象については、サンスティンの Cass R. Sunstein, The Law of Group Polarization, *Journal of Political Philosophy* (June, 2002) がわかりやすい。メディア規制に対してこの概念が持つ意味については、やはり彼の、The Future of Free Speech, in *Eternally Vigilant*, eds. by Lee C. Bollinger and Geoffrey R. Stone (University of Chicago Press, 2002) 参照。

第6章　近代国家の成立

近代国家成立前のヨーロッパ社会が、各自の属する身分や団体ごとに権利・義務の異なる身分制社会であったように、現代のアフリカ諸国の多くでは、ヨーロッパ系・インド系など、他地域からの流入者を除き、人々の権利と義務は、各自がいかなる部族に属するかによって定まるといわれる。外来者向けの近代国家と先住民向けの部族性社会が並存していることになる。この点については、たとえば、K. Anthony Appiah, Grounding Human Rights, in Michael Ignatieff, *Human Rights*, pp. 113-16 参照。

「平等な人一般の創出」に関連して述べた近代国家成立の経緯は、多くの思想家によって跡づけられてきた。たとえば、カール・マルクス『ユダヤ人問題によせて』城塚登訳（岩波文庫、一九七四年）参照。日本では、憲法学者の樋口陽一教授が、最近、この歴史的展開の意義を強調している。たとえば、『近代国民国家の憲法構造』（東京大学出版会、一九九四年）参照。

これに対して、平等な人一般の創出が、根無し草の大衆を作り出す危険を指摘し、それを社会の人倫を体現するさまざまな中間団体に吸収し、その代表システムを国家機構に作り出すことで、国家の統一性をはかろうとしたのがヘーゲルである。『法の哲学』（上）（下）上妻精・佐藤康邦・山田忠顕訳（岩波書店、二〇〇〇－〇一年）参照。

名誉革命に関する本文での解釈については、さしあたり前掲拙著『比較不能な価値の迷路』一六～一七頁およびそこで引用された文献参照。

「外国人という変則」に関する議論については、さしあたり拙稿「『外国人の人権』に関する覚書」拙著『憲法の理性』（東京大学出版会、二〇〇六年）所収参照。

「国籍の意味」に関連して紹介したロバート・グッディンの議論については、Robert Goodin, *Utilitarianism as a Public Philosophy* (Cambridge University Press, 1995), ch. 16 参照。前掲拙稿「『外国人の人権』に関する覚書」にも簡単な紹介がある。

「国境の意味」との関連で、合理的選択理論の観点から国際関係を分析する初期の著作 Thomas C. Schelling, *The Strategy of Conflict* (Harvard University Press, 1960), p. 259 は、国境の持つ恣意的な性格と、それでもなおその国境を遵守することの合理性を強調する。著者のシェリングは、もともとは経済学者であるが、ケネディ政権の軍事戦略立案のブレインでもあった。

同書によれば、朝鮮戦争で三八度線がなぜ休戦ラインとなったか、小型化して他の兵器との性格の差異がなくなった核兵器について、なぜその保持・使用が極端に限定されるか等についても、同様の分析が有効である。三八度線は、敵味方のいずれから見ても「わかりやすい」「明確な」線であり、それ以外に、「敵がここを超えたら、踏みとどまらずにさらに攻め込んでくるのではないか」という相手方の疑心を除く休戦ラインを見出すことは困難であった。また、核兵器が特殊だとされるのは、それを特殊だとする強力な「伝統」があるからであって、何らかの合理的理由があるからではない。「自然」に任せておけば、一方あるいは双方の殲滅をもたらしかねない敵対関係を限界づけるのは「伝統」や「協定」のような不自然で人為的な約束事である。

「人道的介入」に関してまず参照すべき文献は、最上敏樹『人道的介入——正義の武力行使はあるか』(岩波新書、二〇〇一年)である。インドの東パキスタンへの介入についての同書の評価は両義的なものにとどまっている。人道的介入にかかわる問題の複雑さは、マイケル・イグナティエフの前掲書 Michael Ignatieff, *Human Rights as Politics and Idolatry*, pp. 37-48 によっても論じられている。

人道的介入の正当性が、実定国際法上も承認されたものといえるかについては、なお慎重な検討が必要であろう。国境を越える人道的介入を正当化したものとして言及されることの多いイラク国内のクルド人保護、ソマリアの治安回復、およびボスニア―ヘルツェゴビナの危機対応に関する安保理決議のいずれも、事態が「国際の平和と安全に対する脅威」となっていることを強制措置の根拠として挙げており、人道のみが、国境を越える介入の根拠とされているわけではない。

第7章　ホッブズを読むルソー

本章の記述は、拙稿「『国内の平和』と『国際の平和』――ホッブズを読むルソー」月刊法学教室二四四号（二〇〇一年一月）に大幅に依拠している。

本章で言及した文献の邦訳としては、それぞれ『リヴァイアサン』水田洋訳（岩波文庫、一九九二年）、『法の精神』野田良之他訳（岩波書店、一九八七年）、『人間不平等起源論』本田喜代治・平岡昇訳（岩波文庫、一九七二年）、『エミール』今野一雄訳（岩波文庫、一九六四年）、『永遠平和のために』宇都宮芳明訳（岩波文庫、一九八五年）が比較的手に入りやすい。

ホッブズに関する批判的論評を含むルソーの戦争および戦争状態（The State of War）に関す

る論稿「戦争状態論」に関しては、その配列の順序についてすらなお定説がない。ここでは、グレイス・ルーズベルト教授の配列に従った Rousseau, *The Social Contract and Other Later Political Writings*, ed. by Victor Gourevitch (Cambridge University Press, 1997) の英訳テクストに依った。ルーズベルト教授の配列の根拠および彼女の英訳文については、*History of Political Thought*, vol. 8, pp. 225-44 (1987) を参照。

外国からの侵略に対しては、群民蜂起で対抗すべきだとする考え方を示すのは、たとえば、法学協会『註解日本国憲法（上）』（有斐閣、一九五三年）二四三頁、芦部信喜『憲法』［第五版］高橋和之補訂（岩波書店、二〇一一年）六一頁などである。日本国憲法第九条が国家による軍備の保持をいっさい禁止しているという通説の立場のなかでも、オーソドックスな考え方といえよう。厳密にいえば、「群民蜂起」は敵軍の占領前に可能な行動——日本流にいえば「本土決戦」にあたる——であるが、これらの議論が、占領後のパルチザン戦を意識的に否定しているとは考えにくい。

こうした立場と徴兵制による国民皆兵制度との間は、職業的常備軍の保持で防衛サービスを提供しようとする日本政府の立場よりむしろ近いことに留意する必要がある。群民蜂起と国民総動員は、フランス語ではいずれも、levée en masse である。職業裁判官による裁判が信用できないからこそ、一般人からの無作為抽出による陪審を設けることに意味があるように、給料で雇われた職業軍人では国民の生命・財産の保持を託するに足りないと考えるからこそ、徴兵制を採用して市民の編成する軍で自らを防衛することになる。群民蜂起から徴兵制まではほんの一歩である。

第8章　平和主義と立憲主義

本章の記述は、拙稿「国家権力の正当性とその限界」岩波講座現代の法第一巻『現代国家と法』（岩波書店、一九九七年）所収および「平和主義の原理的考察」憲法問題第一〇号（一九九九年）に大幅に依拠している。

権威に関するラズのテーゼについては、「権威と正当化」ジョゼフ・ラズ『自由と権利』森際康友編訳（勁草書房、一九九六年）所収参照。「囚人のディレンマ」に関するトーチカ守備の例は、Edna Ullmann-Margalit, *The Emergence of Norms* (Clarendon Press, 1977), pp. 30-37 からのものである。

デイヴィッド・ゴーティエの議論については、David Gauthier, *Morality by Agreement* (Clarendon Press, 1986) 参照。村上淳一の議論は、彼の『近代法の形成』（岩波書店、一九七九年）第四章に示されている。チキン・ゲームについては、さしあたり前掲拙著『比較不能な価値の迷路』一一五〜一一八頁参照。

「戦争」＝「地獄」理論については、Michael Walzer, *Just and Unjust Wars* (Basic Books, 1997), pp. 29-33 を参照。丸山真男の憲法九条論としては、たとえば、丸山真男「憲法第九条をめぐる若干の考察」同『後衛の位置から』（未來社、一九八二年）がある。加藤尚武『戦争倫理学』（ちくま新書、二〇〇三年）は、非戦闘員殺傷禁止という jus in bello の根底にある原則の重要性を強調する。教科書的な戦争文学には手が出ないという方には、カート・ヴォネガット・ジュニア『スローターハウス5』伊藤典夫訳（ハヤカワ文庫、一九七八年）がおすすめできる。

パルチザンを犯罪者としてではなく交戦資格者として承認することが、古典的なヨーロッパ公法に従って枠づけられた対等な正規軍同士の戦争という無差別戦争観を掘り崩し、「不正」な戦争を行う側に対する戦争法規の不適用やさらにはその殲滅をも正当化しうる差別的「正戦論」と合流する危険をはらむことについては、カール・シュミット『パルチザンの理論』（ちくま学芸文庫、一九九五年）参照。

パルチザン戦の最も著名な指導者の一人は、抗日戦争を指導した毛沢東である。パルチザン戦が世界の戦史上、「目新しい」要素であることを指摘し、「われわれの敵［日本軍］がこの点を過少に評価するなら、まさにそのことによって、かれらはかならずや、ひどいめにあうことであろう」とする彼の「抗日遊撃戦争の戦略問題」（『遊撃戦論』藤田敬一・吉田富夫訳（中公文庫、二〇〇一年）所収）参照。

ミライ村虐殺事件に関するケイリー中尉の証言は、George J. Andreopoulos, Age of National Liberation Movements, in *The Laws of War : Constraints on Warfare in the Western World*, eds. Michael Howard, George J. Andreopoulos and Mark R. Shulman (Yale University Press, 1994), p. 196 からの引用である。

オデュッセウスとセイレンの寓話は、ホメロス『オデュッセイア』松平千秋訳（岩波文庫、一九九四年）第一二歌に描かれている。それにしても、率いた兵士をことごとく失ったうえ、故郷で待ちつづけた妻への求婚者たちを皆殺しにする男のどこが英雄なのか理解に苦しむ。やはり異なる世界観は比較不能である。

徴兵制に関する日本政府の見解については、山内一夫・浅野一郎編『国会の憲法論議』（ぎょうせい、一九八四年）一一五六頁参照。他方、かりに軍を備えるとすれば、徴兵制を導入し、人民による軍のコントロールを貫徹するのが筋だと説く樋口陽一『個人と国家』（集英社新書、二〇〇〇年）二一八～一九頁の背後には、シヴィック・ヒューマニズムの論理が垣間見える。戦前の日本の徴兵制の運用が、シヴィック・ヒューマニズムの理念とかけ離れたものであった点は、加藤陽子『徴兵制と近代日本』（吉川弘文館、一九九六年）から読み取ることができる。

「穏和な平和主義へ」で触れた「家族的類似 family resemblances」は、ウィトゲンシュタインが『哲学探求』で導入した概念で（六六～六七節）、家族のメンバーが、たとえば、父と娘は鼻の形が、母と息子は髪の毛の色が、娘と母方の祖父とは眼の色が、それぞれ似通っているが、家族全体として共通する特徴があるわけでないといった緩やかなネットワークのつながりを全体として指す言い方である。

平和主義の分類については、たとえばTheodore J. Koonts, Christian Nonviolence: An Interpretation, in *The Ethics of War and Peace*, ed. by Terry Nardin (Princeton University

Press, 1996）を参照。

本文の示す選択肢のうち、「穏和な平和主義」と「『世界警察』、そして『帝国』」は、クンツのいうabolitionismつまり戦争の効用を否定的に考え、それを撤廃しうる可能性もあると考えるが、そこへいたるまでの過程において武力を行使することを必ずしも否定しない考え方にあたる。「非暴力不服従」は、彼のいうnon-violent resistanceに、「『善き生き方』としての絶対平和主義」のうち、いかなる帰結をともなうかにかかわらず非暴力を貫くという立場が、彼のいうpacifismにあたる。彼のいうpacifismは、キリスト教の伝統に根ざすもので、必ずしも現世の為政者への助言を志すものではなく、キリスト教への改宗によって全人類が生まれ変わらないかぎり、戦争がなくなることも望み薄であるという立場である。

支配の領域の無限定な「帝国」の出現を予測し、その歴史的経緯を跡づけるのはMichael Hardt and Antonio Negri, *Empire*（Harvard University Press, 2000）。左翼系思想家にありがちな単線的歴史観はおくとしても、著者らの人権概念に関する単純な理解には賛同しにくい。文化や価値の多元性の指摘に対する著者らの完全に否定的な評価——彼らにいわせると、それは文化の違いを口実とする新たな人種差別主義である（pp. 190-95）——は人権概念に関する単純な理解と裏腹の関係にある。「帝国」の危機と衰亡については、同書の第四部を参照。九・一一事件以降、アメリカが国際テロと対決する一国行動主義の傾向を強めるにつれて、実際の事態の進展は本書の予測と乖離しはじめていると感ずるのは筆者だけであろうか。

「準則」と「原理」の区別は、英米系の法律学ではごく普通に行われる。たとえば、ロナルド・ドゥウォーキン『権利論』木下毅・小林公・野坂泰司訳（木鐸社、一九八六年）第一章参照。ドゥオーキンは、社会全体の利益にかかわる「政策」と対比する意味で何人かの権利保障にかかわるものとして「原理」ということばを使うことがあるが、「準則」と対比される意味での「原理」は、「政策」をも含む。

憲法を改正することの意味については、さしあたり、拙稿「憲法改正の意識と意義」全国憲法研究会編『憲法と有事法制』（日本評論社、二〇〇二年）二〇八頁以下参照。そこでも説明したとおり、成熟した民主主義国家において、憲法典を改正しなければどうしてもできない制度の改変は、憲法上定められた「準則」の変更など、きわめて限られている。

二〇〇三年八月に、小泉純一郎首相は自民党としての改憲案を二〇〇五年までにとりまとめることを党に指示し、その背景として、①自衛隊は憲法九条の禁ずる「戦力」ではないのか、②私学助成は憲法八九条に違反しないのか、③小選挙区で落選した議員が比例代表選出議員として当選しうる重複立候補制度への疑問の三点を挙げている（二〇〇三年八月二七日付、朝日・日経等各紙朝刊）。このうち、第一の九条と自衛隊との関係、第二の八九条と私学助成との関係は、いずれも長年にわたる政府自身の解釈を通じて解決ずみの問題であり、第三の問題にいたっては、単なる立法上の疑義にすぎない。改憲を目指す根拠としては、薄弱である。

破綻国家での平和の再建に関するブレイスウェイト教授のアイディアは、John Braithwaite,

Restorative Justice and Responsive Regulation (Oxford University Press, 2002) のなかで展開されている。簡単な紹介として、拙稿「立憲主義と平和主義」ジュリスト一二六〇（二〇〇四年一月一－一五日）号所収がある。少なくとも、そこでは、法の画一的な適用によって個別の事案を解決するという意味での「司法」が問題とされているわけではない。Restorative Justice を「修復的司法」と訳すべきか否かについては、疑問がありうる。

冷戦終結後の国際平和への主要な脅威が、国家間の紛争ではなく、むしろ、破綻国家下での一般市民に対する略奪・暴行等にあるとの見解は、たとえばメアリー・カルドー『新戦争論』（岩波書店、二〇〇三年）で展開されている。

あとがき

本書を手にとって購入しようかどうか迷っている方々のなかには、まず「あとがき」を読んで品定めし、定価や読了に要しそうな時間等のコストも勘案したうえで結論を出そうという適切この上ない判断力の持ち主もおられよう。ここでは、筆者としての私心をかなぐり捨てて、純粋に客観的な立場から賢いあなたの判断材料を提供するつもりである。

第一に、「憲法と平和」とくれば、憲法に反する自衛力の保持を断固糾弾し、その一日も早い完全廃棄と理想の平和国家建設を目指すべきだという剛毅にして高邁なるお考えの方もおられようが、そういう方には本書は全く向いていない。

第二に、「憲法と平和」とくれば、充分な自衛力の保持や対米協力の促進にとって邪魔になる憲法九条はさっさと「改正」して、一日も早くアメリカやイギリスのように世界各地で大立ち回りを演じることのできる「普通の国」になるべきだとお考えの、自分自身が立ち回るかはともかく精神的にはたいへん勇猛果敢な方もおられようが、そういう方にも本書は全く向いていない。

「憲法と平和」というテーマで、以上の二大読者層に全く向いていない本だとなると、一体誰が購入するのか、疑問である。筆者としてもはなはだ心もとない。

より特殊な購読者層として、「憲法と平和」とくれば、最近威勢がよくはなってきたものの、このテーマに関しては党内のイデオロギー分布の幅がありすぎて腰が定まっていないため、この党を攻めるならこのテーマだろうというわけで、民主党相手のプロパガンダ戦略に使えないかとお考えの向きも（相当、党派的に限定されてくるが）おられようが、そういう方にも本書は全く向いていない。

となると、本書がどういう方に向いているかだが、筆者としては、以下のようなかなりトッポイ疑問のうち、いずれかがいままで一度でも心に浮かんだ方には、向いているのではないかと考えている。

① 国家はなぜ存在するのか。国家権力になぜ従うべきなのか（それとも従わなくてもよいのか）。

② 人が生まれながらに「自然権」を持つというのはいかにも嘘くさい。そんな不自然な前提に立つ憲法学は信用できないのではないか。

③ 多数決で物事を決めるのはなぜだろう。多数で決めたことになぜ少数派は従わなけ

ればならないのか。

④ 女性の天皇を認めないのは、男女平等の原則に反するのだろうか。

⑤ 憲法に書いてあることに、なぜ従わなければならないのだろうか。とっくの昔に死んでしまった人たちが作った文書にすぎないのに。

⑥ ……

と、これくらいにしておくが、こうした一見したところトッポイにもかかわらず、国家理論の根幹にかかわる疑問をお持ちの方には、本書は少なくとも考え方のヒントくらいにはなるはずである。なぜ、こうした問題が「憲法と平和」というテーマと結びつくかというと、それは本書を読んでいただくしかない。

わずかな印税を得ようという卑しい私心からではなく、出版界の健全な発展とそれが社会全体にもたらすであろう計り知れない利益を勘案した気高い公徳心から申し上げるのだが、レジで日本の通貨と引換えにご購入のうえ、じっくりと愉しんでいただければ幸いである。

ちくま新書編集部の増田健史氏とは、彼が新世社という出版社で筆者の学生用教科書の編集をしていただいた頃からのつきあいで、本書についても企画から校正にいたるまで、万端のお世話をいただいた。厚く御礼申し上げる。
ところで、老婆心ながら申し上げるが、「まえがき」は七頁からである。

二〇〇四年一月

Y・H

ちくま新書

465

憲法《けんぽう》と平和《へいわ》を問《と》いなおす

二〇〇四年四月一〇日　第一刷発行
二〇一五年七月　五　日　第一二刷発行

著　者　長谷部恭男（はせべ・やすお）

発行者　熊沢敏之
発行所　株式会社　筑摩書房
東京都台東区蔵前二-五-三　郵便番号一一一-八七五五
振替〇〇一六〇-八-四一二三
装幀者　間村俊一
印刷・製本　株式会社　精興社

乱丁・落丁本の場合は、左記宛にご送付下さい。
送料小社負担でお取り替えいたします。
ご注文・お問い合わせも左記へお願いいたします。
〒三三一-八五〇七　さいたま市北区櫛引町二-六〇四
筑摩書房サービスセンター　電話〇四八-六五一-〇〇五三

ISBN978-4-480-06165-2　C0232

ちくま新書

294
デモクラシーの論じ方
――論争の政治
杉田敦
民主主義、民主的な政治とは何なのか。あまりに基本的と思える問題について、一から考え、デモクラシーにおける対立点や問題点を明らかにする、対話形式の試み。

465
憲法と平和を問いなおす
長谷部恭男
情緒論に陥りがちな改憲論議と冷静に向きあうには、そもそも何のための憲法かを問う視点が欠かせない。この国のかたちを決する大問題を考え抜く手がかりを示す。

535
日本の「ミドルパワー」外交
――戦後日本の選択と構想
添谷芳秀
「平和国家」と「大国日本」という二つのイメージに引き裂かれてきた戦後外交をミドルパワー外交と積極的に位置付け直し、日本外交の潜在力を掘り起こす。

594
改憲問題
愛敬浩二
戦後憲法はどう機能してきたか。改正でどんな効果が期待できるのか。改憲論議にはこうした実質を問う視角が欠けている。改憲派の思惑と帰結をクールに斬る一冊！

636
東アジア共同体をどうつくるか
進藤榮一
アセアン＋日・中・韓が推進する地域経済統合はどのようなシナリオを描いて実現へと向かうのか。日本再生の条件と東アジア共同体創設への道をさぐる注目の一冊！

655
政治学の名著30
佐々木毅
古代から現代まで、著者がその政治観を形成する上でたえず傍らにあった名著の数々。選ばれた30冊は混迷を深める時代にこそますます重みを持ち、輝きを放つ。

722
変貌する民主主義
森政稔
民主主義の理想が陳腐なお題目へと堕したのはなぜか。その背景にある現代の思想的変動を解明し、複雑な共存のルールへと変貌する民主主義のリアルな動態を示す。